KB202776

주님이 흘리신 사랑

주님이 흘리신 사랑

지귀복

방주세계선교회

목차

주님이 흘리신 사랑

주님이 흘리신 사랑

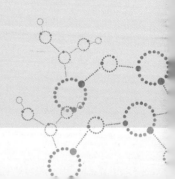

천국의 생명나무

나무 : 기쁨   나무 잎 : 믿음
꽃잎 : 인내   열매 : 영혼

① 보혈의 옷

[요한계시록 22:14]
자기 두루마기를 빠는 자들은 복이 있으니 이는 그들이 생명나무에
나아가며 문들을 통하여 성에 들어갈 권세를 받으려 함이로다

2016년 3월 어느 날
주님 안에 감추어진 보혈의 비밀 (8가지 옷)
주님께서 모습을 나타내셨습니다.
"딸아, 이것이 나의 모습이다."
머리에는 피가 맺혀있고 온몸에는 피와 땀이 적시어진 모
습으로 나를 부르시는 주님. 나는 그 모습이 너무나 보기가
힘들어서 그만 눈을 감았습니다.

주님께서 말씀하셨습니다.
"딸아, 이것이 나의 모습이다.
나는 너를 위해서 너무나 아프고 처절한 이 고통을 참고서
나의 사랑하는 자녀들이 나의 피로 정결케 되기를 간절히 기
도했다. 그러나 나의 백성들이 나의 피를 의지하지 않고 죄
를 회개하지도 않은 채 살아가고 있는 것을 볼 때 나는 심히
마음이 아프구나."

* 그가 찔림은 우리의 허물 때문이요 그가 상함은 우리의 죄악 때문이

라 그가 징계를 받으므로 우리는 평화를 누리고 그가 채찍에 맞으므로 우리는 나음을 받았도다 우리는 다 양 같아서 그릇 행하여 각기 제 길로 갔거늘 여호와께서는 우리 모두의 죄악을 그에게 담당시키셨도다(6절)

그가 곤욕을 당하여 괴로울 때에도 그의 입을 열지 아니하였음이여 마치 도수장으로 끌려가는 어린 양과 털 깎는 자 앞에서 잠잠한 양 같이 그의 입을 열지 아니하였도다 그러므로 내가 그에게 존귀한 자와 함께 몫을 받게 하며 강한 자와 함께 탈취한 것을 나누게 하리니 이는 그가 자기 영혼을 버려 사망에 이르게 하며 범죄자 중 하나로 헤아림을 받았음이니라 그러나 그가 많은 사람의 죄를 담당하며 범죄자를 위하여 기도하였느니라 [이사야 53:5,7,12]

"이사야가 기록했듯이 내가 이미 너희를 위해서 모든 것을 다 이루어 놓았건만 그것을 온전히 받아들이지 않음은 어찌 된 까닭일까? 세상이 너무 변해서일까? 세상이 너무 편해서일까? 아니면 주님이 더디 오신다고 하더냐?

아니면 주님이 오신다는 것을 인식하지 않은 것이냐?

비록 너희가 세상에 살아가고 있으나 아무리 세상이 변하고 또 달라진다 해도 나의 시간은 점점 다가오고 있느니라."

❷ 주님을 기다리게 한 것도 죄가 됩니다

주님께서 말씀하셨습니다.

"어떠한 사람이 되어야 하겠느냐?"

또한, 주님은 기도하지 않은 것을 회개해야 할 문제라고 말씀하셨습니다. 주님은 당신의 백성이 기도하는 시간을 기다리고 계십니다. 마땅히 기도해야 할 자녀가 다른 일을 하고 있을 때 더더욱 기다리십니다.

주님은 기도의 시간까지 말씀해 주십니다. 우리가 시간을 정해서 기도하는 것을 주님은 너무나 중요하게 말씀하십니다. 주님은 기다리는 것이 이제는 싫다고 말씀하십니다.

"어찌해서 주님을 기다리게 하는지?"

"어찌해서 내 백성이 나를 부르지 아니한가?"

인간이 세상의 분주한 생활에 매여서 기도하지 못하는 것에 대해 한탄하십니다. 주님은 기다리는 것이 이제는 싫다고 말씀하십니다.

* 그러므로 형제들아 우리가 예수의 피를 힘입어 성소에 들어갈 담력을 얻었나니 그 길은 우리를 위하여 휘장 가운데로 열어 놓으신 새로운 살 길이요 휘장은 곧 그의 육체니라 또 하나님의 집 다스리는 큰 제사장이 계시매 우리가 마음에 뿌림을 받아 악한 양심으로부터 벗어나고 몸은

맑은 물로 씻음을 받았으니 참 마음과 온전한 믿음으로 하나님께
나아가자 [히브리서 10:19-22]

우리는 우리를 기다리시는 주님 앞에 무릎을 꿇고 참 마음과 온전한 믿음으로, 그 주님의 보혈의 옷을 입고 나아가야 할 것입니다. 그로 말미암아 성령의 열매를 맺게 되는 것입니다.

* 오직 성령의 열매는 사랑과 희락과 화평과 오래 참음과 자비와 양선과 충성과 온유와 절제니 이 같은 것을 금지할 법이 없느니라
[갈라디아서 5:22-23]

그다음에는 성령의 기름을 부어주십니다. 그래서 우리는 날마다 성령 충만을 받게 되는 것입니다. 주님의 가시관에서 흘리신 이 보혈의 능력이 얼마나 놀라운지 우리는 깨달아야만 합니다.

여호와께서 말씀하시되 오라 우리가 서로 변론하자.
너희의 죄가 주홍 같을지라도 눈과 같이 희어질 것이요 진홍같이 붉을지라도 양털같이 희게 되리라.
주님이 우리를 부르실 때 우리는 순종함으로 그 주님 앞에 무릎을 꿇어야 합니다. 그로 말미암아 이 놀라운 은혜를 입게 되는 것입니다. 하나님은 빛이십니다. 우리는 이 온전한 회개를 통해서 빛 가운데로 행하는 자가 되어야 합니다.

이미 이 땅에서부터 우리 심령 속에 예수 그리스도의 보혈의 능력으로 나의 심령이 환하게 비추어져야만 한다는 것입니다. 보혈을 의지하십시오. 주님 앞에 어떠한 잘못이 있다 할지라도 지금 바로, 그것을 주님 앞에 내려놓으십시오. 고백하십시오. 그로 말미암아 이 놀라운 보혈의 능력을 체험하게 될 것입니다.

* 만일 우리가 우리 죄를 자백하면 그는 미쁘시고 의로우사 우리 죄를 사하시며 우리를 모든 불의에서 깨끗하게 하실 것이요 만일 우리가 범죄 하지 아니하였다 하면 하나님을 거짓말하는 이로 만드는 것이니 또한 그의 말씀이 우리 속에 있지 아니하니라 [요한일서 1:9-10]

❸ 영혼을 소생케 하는 옷

* 또 그가 수정같이 맑은 생명수의 강을 내게 보이니 하나님과 및 어린 양의 보좌로부터 나와서 길 가운데로 흐르더라 강 좌우에 생명 나무가 있어 열두 가지 열매를 맺되 달마다 그 열매를 맺고 그 나무 잎사귀들은 만국을 치료하기 위하여 있더라 다시 저주가 없으며 하나님과 그 어린 양의 보좌가 그 가운데에 있으리니 그의 종들이 그를 섬기며 그의 얼굴을 볼 터이요 그의 이름도 그들의 이마에 있으리라 다시 밤이 없겠고 등불과 햇빛이 쓸 데 없으니 이는 주 하나님이 그들에게 비치심이라 그들이 세세토록 왕노릇 하리로다 [요한계시록 22:1-5]

주님께서 말씀하셨습니다.

"이 옷은 곧 생명수의 강물이니라. 곧 나의 자녀들의 눈물이니라."

주님의 백성들이 눈물로 기도할 때 그 물이 생명수 강물의 옷에 떨어져서 영혼이 소생된다고 말씀하십니다. 그로 말미암아 그 영혼이 새로운 천국의 날개를 달수 있고 그래서 주님을 찾을 수 있는 힘이 그 기도를 통해서 이루어진다고 하십니다.

주님은 나의 백성들이 눈물로 기도할 때, 모든 더러운 것들이 다 제거된다고 말씀하셨습니다. 우리는 연약한 자나 아직 믿지 않은 자들을 위해서 영혼을 소생케 하시는 주님의 사랑으로 눈물을 뿌리면서 기도해야 될 줄 믿습니다.

* 오직 성령의 열매는 사랑과 희락과 화평과 오래 참음과 자비와 양선과
충성과 온유와 절제니 [갈라디아서 5:22]

　이 말씀을 통해서 깨달아야 할 것은, 반드시 우리의 삶 속에 이 성령의 열매를 맺을 수 있도록 인내하면서 참아 기다리는 자세가 필요하다는 것입니다. 이것을 이기지 못한다면 아무것도 깨닫지 못하게 되는 것이고 주님의 보혈의 감추어진 축복도 받을 수 없고 온전한 회개가 이루어지지 않았다는 것입니다.

진리의 성령의 자유케 하는 옷

* 예수께서 대답하시되 진실로 진실로 너희에게 이르노니 죄를 범하는 자마다 죄의 종이라 종은 영원히 집에 거하지 못하되 아들은 영원히 거하나니 그러므로 아들이 너희를 자유롭게 하면 너희가 참으로 자유로우리라 나도 너희가 아브라함의 자손인 줄 아노라 그러나 내 말이 너희 안에 있을 곳이 없으므로 나를 죽이려 하는도다 나는 내 아버지에게서 본 것을 말하고 너희는 너희 아비에게서 들은 것을 행하느니라 [요한복음 8:34-38]

* 너희는 너희 아비 마귀에게서 났으니 너희 아비의 욕심대로 너희도 행하고자 하느니라 그는 처음부터 살인한 자요 진리가 그 속에 없으므로 진리에 서지 못하고 거짓을 말할 때마다 제 것으로 말하나니 이는 그가 거짓말쟁이요 거짓의 아비가 되었음이라 [요한복음 8:44]

죄는 거짓이며 죄를 범한 자는 거짓에 속한 자입니다. 죄가 들어오면 육신이 힘들고 몸이 짓눌리게 되고 머리의 생각으로 인해 죄악된 것들로 마음과 환경에 괴로움이 밀려옵니다. 그러면 어찌할 바를 알지 못하는 영혼과 육신의 나약함 앞에 성령의 인도함으로 말미암아 입술의 기도가 시작되고 성령님께 의지함으로 마음의 문을 열어 주께 기도할 수 있게 됩니다.

기도 중에, 하나님 아버지의 그 놀라우신 사랑하심과 자비하심과 인자하심이 나의 마음속에 이슬과 같이 안개와 같이 내리고, 나의 모든 죄의 짐을 지시고 십자가에서 그 보배로운 피를 흘리신 주님의 사랑하는 음성을 들을 때, 내 마음과 내 영혼까지 어느새 따뜻한 마음이 되어있습니다.

"주님, 감사드립니다.

나의 마음속 깊은 곳에서부터 주님의 터치하심과 두드림이 울려 퍼지고 있어요."

"나의 사랑하는 딸 귀복아!"

"예, 주님."

"평안할지어다. 평안할지어다."

나는 주님의 부르심에 대답을 했습니다.

"주님! 주님! 주님! 눈물이 흐르네요.

주님은 나의 힘이시고 나의 소망이십니다. 내가 괴로울 때도 나를 부르시고 내가 답답해할 때도 나를 부르시고 내가 기쁠 때도 나를 부르시는 주님, 항상 변치 않으시고 나의 이름을 부르시는 주님, 주님은 정말 크신 하나님이시며 위대하시고 전능하신 아버지 하나님이십니다.

내 영혼이 내 육신이 어찌할 바를 알 수 없을 때, 십자가의 푯대를 향해서 전진할 수 있게 하시는 성령 하나님! 사랑하고 경외합니다."

"생각을 타고 들어와서 나를 짓누르는 이 악한 영들아!

나사렛 예수 그리스도의 이름으로 묶임을 받을지어다. 내 생각과 환경 속에서 떠나갈지어다."

[고린도 후서 4:4]
그중에 이 세상의 신이 믿지 아니하는 자들의 마음을 혼미하게 하여 그리스도의 영광의 복음의 광채가 비치지 못하게 함이니 그리스도는 하나님의 형상이니라

　주님께서 말씀하셨습니다.
　"너의 생각은 지금 훈련을 하고 있는 것이다. 알겠느냐?"
　"주님, 저는 그것도 모른 채 너무나 괴로워했습니다."
　"그래야 훈련이지, 다 가르쳐 주면 무슨 훈련이겠느냐?"
　"귀복아!"
　"예, 주님."
　"나는 너를 사랑한다."
　"주님, 저도 주님을 사랑합니다. 저는요, 너무나 주님이 두렵습니다. 주님께서 침묵하고 계시면 제 마음은 낙엽처럼 떨리나이다. 주님 용서해 주세요. 제가 주님 앞에 죄인임을 알지만, 또한 저를 주님의 십자가의 보혈의 피로 죄를 용서하시고, 저의 병을 고쳐주신 분도 주님이십니다.
　주님, 이 죄인을 불쌍히 여겨 주세요.
　주님 앞에 나아갈 수 있게 도와주세요.
　진리의 성령의 자유케 하는 옷을 입고요."

주님께서 말씀하셨습니다.

"그래, 너의 그 사랑을 내가 받겠노라.

너의 마음의 가장자리에 자리 잡고 있는 그 나약함을 나는 나의 보혈의 피로 치료하길 원한다. 그래서 이제는 좀 더 당당하고 좀 더 담대하게 예수 그리스도의 피를 의지하고 나아가길 원한다."

"사랑하는 내 딸 귀복아!

내가 너를 훈련하면서도 안타까울 때가 많이 있단다. 너의 그 심령을 이기지 못하고 나약함을 드러낼 때, 그 모든 것을 주님의 능력으로 다 덮어 버리고 싶지만, 그렇게 한다면 그것이 항상 너를 괴롭게 하느니라. 네가 이기고 느끼고 생각할 수 있게 하는 것이니 염려하지 말고 두려워하지 말거라. 이 세상에서 살아가는 동안에는 항상 내가 너를 지켜준다고 했고, 너를 보살펴 줄 것인즉 마음을 강하게 하고 담대하게 하거라."

"주님, 감사합니다."

5 기쁨의 옷

　이 기쁨의 옷은 금별 색상에 부드러운 천으로 된 옷입니다. 이 옷을 입으면 천국의 찬양에 맞추어서 춤을 추기 시작합니다. 어느새 얼굴에는 해맑은 미소로 가득 차고 모든 근심 걱정은 다 사라지고 맙니다. 우리가 이 세상에 살아가면서 겪게 되는 갖가지 상처와 아픔들을 주님께로부터 치료함을 받지 않는다면, 이 기쁨은 누릴 수가 없는 것입니다.

　어떻게 내면의 치료를 받게 될까요? 그것은 말씀을 읽을 때 치료하시고, 말씀을 들을 때 치료하시고, 말씀을 행할 때 치료하십니다. 주님은 치료함과 동시에 이 기쁨을 우리에게 뿌려 주십니다. 그러므로 하나님의 말씀을 읽고 듣고 행할 때 기쁨을 공급받게 되는 것입니다.

　세상에서는 얻을 수 없는 이 기쁨은 곧 천국이 나의 마음 속에 이미 이루어져 가는 증거일 것입니다. 우리는 삶 속에서 항상 이 기쁨을 누리므로 마침내 영원한 천국을 누릴 수 있게 되는 것입니다.

[데살로니가 전서 5:16-18]
항상 기뻐하라 쉬지 말고 기도하라 범사에 감사하라 이것이 그리스도 예수 안에서 너희를 향하신 하나님의 뜻이니라

⑥ 회개하는 과정

주님은 말씀하십니다. 회개하는 자에게는 사단의 공격을 막아주십니다. 그러므로 온전한 회개가 이루어질 때까지 우리를 보호하고 계십니다. 그리고 십자가로 예수 그리스도의 인을 쳐 주십니다. 그런 다음 흠이 있는 곳에 천사들이 주님의 명령에 따라 보수하는 작업을 합니다. 그다음은 구원의 옷을 입혀주십니다. 그리고 난 후, 성령의 기름을 부어주십니다. 그래서 우리는 날마다 성령 충만을 받게 되는 것입니다.

주님의 가시관에서 흘리신 이 보혈의 능력이 얼마나 놀라운 은혜인지 우리는 깨달아야만 합니다. 주님이 우리를 부르실 때, 우리는 순종함으로 그 주님 앞에 무릎을 꿇어 엎드려야 합니다. 그로 말미암아 이 놀라운 은혜를 입게 되는 것입니다.

[사무엘상 15:22-23]
사무엘이 이르되 여호와께서 번제와 다른 제사를 그의 목소리를 청종하는 것을 좋아하심 같이 좋아하시겠나이까 순종이 제사보다 낮고 듣는 것이 숫양의 기름보다 나으니 이는 거역하는 것은 점치는 죄와 같고 완고한 것은 사신 우상에게 절하는 죄와 같음이라 왕이 여호와의 말씀을 버렸으므로 여호와께서도 왕을 버려 왕이 되지 못하게 하셨나이다 하니

하나님은 빛이십니다. 우리는 이 온전한 회개를 통해서 빛 가운데로 행하는 자가 되어야 합니다. 이미 이 땅에서부터 우리의 심령 속에, 예수 그리스도의 보혈의 능력으로 나의 심령이 환하게 비추어져야만 한다는 것입니다.

보혈을 의지하십시오. 주님 앞에서는 어떠한 잘못이 있다 할지라도 지금 바로 그것을 주님 앞에 내려놓으십시오. 고백하시고, 성령님을 인정하고, 환영하고, 모셔 들이므로, 이 놀라운 보혈의 능력을 체험하게 될 것입니다.

[이사야 60:1-3]
일어나라 빛을 발하라 이는 네 빛이 이르렀고 여호와의 영광이 네
위에 임하였음이니라 보라 어둠이 땅을 덮을 것이며 캄캄함이 만민을
가리려니와 오직 여호와께서 네 위에 임하실 것이며 그의 영광이 네
위에 나타나리니 나라들은 네 빛으로, 왕들은 비치는 네 광명으로
나아오리라

7 축복의 통로

* 하나님이 이르시되 그가 나를 사랑한즉 내가 그를 건지리라 그가 내 이름을 안즉 내가 그를 높이리라 그가 내게 간구하리니 내가 그에게 응답하리라 그들이 환난 당할 때에 내가 그와 함께 하여 그를 건지고 영화롭게 하리라 내가 그를 장수하게 함으로 그를 만족하게 하며 나의 구원을 그에게 보이리라 하시도다 [시편 91:14-16]

주님을 아는 일에, 주님을 찾는 일에 게을리해서는 안 됩니다. 주님을 아는 자가 받는 축복은
첫째, 문제를 해결해 주십니다.
둘째, 환란에서 건져주시고 큰 은혜를 주십니다.
셋째, 축복의 통로로 이끌어주십니다.

* 내가 여호와로 말미암아 크게 기뻐하며 내 영혼이 나의 하나님으로 말미암아 즐거워하리니 이는 그가 구원의 옷을 내게 입히시며 공의의 겉옷을 내게 더하심이 신랑이 사모를 쓰며 신부가 자기 보석으로 단장함 같게 하셨음이라 [이사야 61:10]

주님께서 보혈의 피를 흘려주셨으므로 우리는 하나같이 감히 하나님 보좌 앞에 나아가 경배할 수 있는 것입니다. 주님이 핏값으로 얻은 백성들을 한 명 한 명 하나님 보좌 앞에 함께 가셔서 경배를 올리십니다. 그 귀하신 보혈의 피를 흘려주신 주님께 뜨거운 눈물로써 감사와 찬양을 드립니다.

주님은 하나님 아버지 앞에 죽기까지 순종하셨습니다. 그 주님의 사랑을 깨닫는 자들은 마땅히 주님 앞에 순종의 제사를 드려야 한다고 생각합니다.

그러나 어느새 심령이 굳어져 주님을 찾는 일을 게을리 하면 영적 게으름이 오고 맙니다. 이 게으름은 주님 안에서 기도와 말씀으로 해결해야 합니다. 그것을 주 밖으로 이동하기 시작하면 그로 말미암아 안일함과 나태함이 몰려옵니다. 그것을 박차고 나와야 합니다. 나를 점검해야 합니다. 주님의 십자가 밑에 무릎을 꿇고 다시 한 번 내가 나를 비우지 않는다면, 주님은 결코 강제로 나를 움직이지 않으십니다. 너무나 거룩하시고 자비하시므로 내가 마음의 문을 열 때까지 기다리고 계십니다.

주님은 말씀하십니다.
"성령으로 기도하는 자에게는 나의 때가 항상 준비되어 있느니라."

* 밤에 환상이 바울에게 보이니 마게도냐 사람 하나가 서서 그에게 청하여 이르되 마게도냐로 건너와서 우리를 도우라 하거늘
[사도행전 16:9]

우리는 주님께 믿음으로 고백해야 합니다.

내가 본 천국의 동산에는 그네로 된 의자가 있었습니다. 주님 곁에 있을 때, 나는 갑자기 눈물을 흘렸습니다.

'왜 눈물이 날까?' 생각할 때,

주님께서 말씀하셨습니다.

"나의 마음이 너에게 전해져서 눈물이 나는 것이란다. 저기 앞에 생명수 강물을 바라보고 있을 때, 나의 백성들을 생각하면 마음이 아프단다. 너무나 안타까워서 견딜 수가 없구나."

주님은 게으름과 나태함을 말씀하시면서 새벽기도를 말씀하셨습니다. 어느새 주님의 마음을 이해할 수 있는 생각이 들어오고 있었습니다.

예수를 믿고, 성령 체험을 한 자가 죄를 범하게 되면 그만큼 회개하기가 힘들어진다고 말씀하셨습니다.

* 우리가 진리를 아는 지식을 받은 후 짐짓 죄를 범한즉 다시 속죄하는 제사가 없고 오직 무서운 마음으로 심판을 기다리는 것과 대적하는 자를 태울 맹렬한 불만 있으리라 모세의 법을 폐한 자도 두세 증인으로 말미암아 불쌍히 여김을 받지 못하고 죽었거든 하물며 하나님의 아들을 짓밟고 자기를 거룩하게 한 언약의 피를 부정한 것으로 여기고 은혜의 성령을 욕되게 하는 자가 당연히 받을 형벌은 얼마나 더 무겁겠느냐 너희는 생각하라 [히브리서 10:26-29]

주님은 견고하십니다. 또한, 주님을 영접하고 성령 체험한 자가 다시 죄를 범한다면 용서 받기가 힘들다고 말씀하고 계십니다.

⑧ 희락의 옷

이 옷은 기쁨과 희열이 넘치는 옷입니다.
두 마음을 품지 않고 오직 주님! 오직 예수! 그러한 마음을 가진 자만이 올 수 있는 곳입니다. 그러니 누가 이곳에 올 수 있을까요?

주님께서 말씀하셨습니다.
"사람은 할 수 없으나 하나님은 다 하실 수 있느니라."

* 예수께서 그들을 보시며 이르시되 사람으로는 할 수 없으되
하나님으로는 그렇지 아니하니 하나님으로서는 다 하실 수 있느니라
[마가복음 10:27]

"이곳은 오직 희락이 넘치는 곳이니라.
어떠한 생각도 두 마음을 품는 자는 결코, 이 희락의 참 기쁨을 누릴 수 없는 곳이란다."

* 볼지어다 내가 문 밖에 서서 두드리노니 누구든지 내 음성을 듣고
문을 열면 내가 그에게로 들어가 그와 더불어 먹고 그는 나와 더불어
먹으리라 [요한계시록 3:20]

"쉽게, 쉽게, 너와 대화하고 싶지만, 반드시 네가 나를 찾아야 내가 너에게 들어갈 수 있다는 것을 알거라.

기도가 없이는 결코, 성령께서 일하실 수가 없느니라. 힘이 들어서 포기하고 싶으냐?" 하고 물으셨습니다.

"주님께서 제게 어찌 그런 말씀을 하시나이까?

주님, 저는 슬픕니다. 그것은 주님이 저를 버리시겠다는 말씀이신가요? 저는 어디로 가라고 저에게 그런 말씀을 하시나요?"

"사랑하는 딸 귀복아, 내 말 좀 들어보렴. 내가 그 고통을 받고 너를 위해 피를 흘렸는데 어찌 내가 너를 외면하겠느냐? 사랑하는 내 딸 귀복아! 사랑한다."

장소는 동산 중앙입니다.

믿음의 나무 앞에 그네로 된 의자가 있고 앞에는 은빛 찬란한 생명수 강물이 동산을 적시고 있었습니다.

주님과 다시 대화가 시작되었습니다.

주님께서 말씀하셨습니다.

"어렵게 생각하지 말거라.

요한계시록과 사복음서에 말씀하신 것을......."

주님은 저를 축복하시고 안수해 주셨습니다.

그리고는

"이 책을 읽는 자는 회개하지 않고는 견딜 수 없게 성령으로 역사하리라."

하고 말씀하셨습니다.

[로마서 8:26-27]
이와 같이 성령도 우리의 연약함을 도우시나니 우리는 마땅히 기도할
바를 알지 못하나 오직 성령이 말할 수 없는 탄식으로 우리를 위하여
친히 간구하시느니라 마음을 살피시는 이가 성령의 생각을 아시나니
이는 성령이 하나님의 뜻대로 성도를 위하여 간구하심이니라

9 평강의 옷

주님은 우리가 이 땅에서 주님이 이루신 말씀의 복을 누리고 살기를 바라십니다.

주님께서 말씀하셨습니다.
"기도가 힘이 드느냐?"라고 물으셨습니다.
저는 대답했습니다.
"아닙니다. 주님."

주님은 의자에 앉으셔서 "조금 전에 한 말은 네가 어떻게 나오는지 보려고 말씀하신 것이라."고 하셨습니다. 그때 주님 품에 안겨 있던 나의 모습은 아주 작은 어린아이 같았습니다.

주님은 나의 머리에 손을 얹고 기도하셨습니다.
"아버지, 이 어린아이와 같은 믿음을 장성한 믿음으로 축복해 주옵소서." 하고 기도하시니, 갑자기 남자 용사가 너무나 씩씩한 모습으로 주님 앞에 무릎을 꿇고 경배를 드리고, 그다음 여자 용사도 경배를 드렸습니다. 주님은 그 모습을 보시면서 아주 어린아이와 같은 나에게
"귀복아! 너도 저렇게 되고 싶지 않니?" 하시는데, 저는 말씀드렸습니다.

"주님, 싫습니다. 저는 주님 품에만 있을 거예요."

그런데 주님은 아무 말씀이 없으시면서, 그 어린아이와 같은 나를 꼭 안아주셨습니다.

* 때가 오래되었으므로 너희가 마땅히 선생이 되었을 터인데 너희가 다시 하나님의 말씀의 초보에 대하여 누구에게서 가르침을 받아야 할 처지이니 단단한 음식은 못 먹고 젖이나 먹어야 할 자가 되었도다 이는 젖을 먹는 자마다 어린아이니 의의 말씀을 경험하지 못한 자요 단단한 음식은 장성한 자의 것이니 그들은 지각을 사용함으로 연단을 받아 선악을 분별하는 자들이니라 [히브리서 5:12-14]

그때, 저는 말씀드렸습니다.

"주님, 저도 할 수 있을까요?"

그러자 갑자기 그 용감한 투구의 옷차림이 나에게 입혀졌고, 씩씩하게 주님께 경배를 드리고 있었습니다. 이제는 튼튼한 용사 같았습니다. 이제는 어린아이와 같은 모습은 없어지고, 용사 같은 모습으로 주님께 경배를 올리고 있습니다.

그때, 주님은 나를 향하여 명령하셨습니다.

"너는 내가 준 능력을 가지고, 내가 네게 지시한 곳에 가서 똑똑히 전하거라. 반드시 주 예수 그리스도의 이름으로 예언하게 될 것이다."

* 일곱째 천사가 소리 내는 날 그의 나팔을 불려고 할 때 하나님이 그의 종 선지자들에게 전하신 복음과 같이 하나님의 그 비밀이 이루어지리라

하더라 하늘에서 나서 내게 들리던 음성이 또 내게 말하여 이르되 네가 가서 바다와 땅을 밟고 서 있는 천사의 손에 펴 놓인 두루마리를 가지라 하기로 내가 천사에게 나아가 작은 두루마리를 달라 한즉 천사가 이르되 갖다 먹어 버리라 네 배에는 쓰나 네 입에는 꿀 같이 달리라 하거늘 내가 천사의 손에서 작은 두루마리를 갖다 먹어 버리니 내 입에는 꿀 같이 다나 먹은 후에 내 배에서는 쓰게 되더라 그가 내게 말하기를 네가 많은 백성과 나라와 방언과 임금에게 다시 예언하여야 하리라 하더라
[요한계시록 10:7-11]

"나의 전신 갑주를 입었으니 앞으로 나아갈지어다."
"주 예수여, 영광과 존귀를 받으시옵소서. 아멘."

⑩ 성령 충만의 옷

* 그러나 진리의 성령이 오시면 그가 너희를 모든 진리 가운데로
인도하시리니 그가 스스로 말하지 않고 오직 들은 것을 말하며 장래
일을 너희에게 알리시리라 그가 내 영광을 나타내리니 내 것을 가지고
너희에게 알리시겠음이라 무릇 아버지께 있는 것은 다 내 것이라
그러므로 내가 말하기를 그가 내 것을 가지고 너희에게 알리시리라
하였노라 [요한복음 16:13-15]

성령 충만을 받으면, 죄에서 자유케 됩니다.
얽매인 삶으로부터 우리를 자유케 합니다.
문제 앞에서 두려워하지 않고, 주님께 해결케 하는 자유를
얻게 되는 것입니다. 사람은 자기 입으로 자기 마음과 생각으
로 말한 것들을 다시 드러내면서 회개하게 됩니다.

주님께서 말씀하셨습니다.
"지나온 시간의 행한 일들과 같이 반복된 일을 이제는 행
치 말거라. 나는 너를 이미 용서했느니라.
그러나 나와 동행하기 위해서 회개를 시키느니라."

주님의 은혜를 받은 자의 물질관은 주님의 영광을 위해서
사용해야 합니다.
"십자가 위에서 흘리신 보혈의 옷을 입고, 하나님 아버지

앞에 나아가 경배할 수 있게 하신 주님! 감사합니다.

　주홍빛 같은 나의 죄를 주님의 보혈로 덮어주시고, 나를 구
원하신 주님! 경배를 받으소서."

* 지존자의 은밀한 곳에 거주하며 전능자의 그늘 아래에 사는 자여, 나
는 여호와를 향하여 말하기를 그는 나의 피난처요 나의 요새요 내가 의
뢰하는 하나님이라 하리니 이는 그가 너를 새 사냥꾼의 올무에서와 심한
전염병에서 건지실 것임이로다 그가 너를 그의 깃으로 덮으시리니 네가
그의 날개 아래에 피하리로다 그의 진실함은 방패와 손 방패가 되시나니
너는 밤에 찾아오는 공포와 낮에 날아드는 화살과 어두울 때 퍼지는 전
염병과 밝을 때 닥쳐오는 재앙을 두려워하지 아니하리로다 천 명이 네
왼쪽에서, 만 명이 네 오른쪽에서 엎드러지나 이 재앙이 네게 가까이하
지 못하리로다 오직 너는 똑똑히 보리니 악인들의 보응을 네가 보리로다
[시편 91:1-8]

　사망이 주관하지 못하도록 하나님 아버지께서 지키셨습니
다. 그 주님의 보혈로 나를 속량하신 하나님 아버지의 그 놀
라운 사랑과 은혜에 감사드립니다. 하염없이 깨닫게 하시고
감동 감화로 고백하게 하시고 위로하신 보혜사 성령님! 그 위
로하심과 자비하심에 감사와 영광을 돌립니다.

　나를 어루만지시고 보살펴주시고 항상 나의 곁에서 말씀
하시고 섭리하신 주님. 오늘도 그 주님께 뜨거운 눈물로 감
사를 드립니다. 나의 참 소망 되시고 나의 참 의지가 되신 주
님. 주님 사랑합니다! 나의 사랑의 주님, 능력의 주님, 항상

포근한 사랑으로 감싸주신 주님께 나의 영혼이 나비같이 날며 찬양의 춤을 추리라.

11 쓰러지신 주님

주님이 십자가를 지고 가시다 쓰러지실 때, 그 참담함.

그래도 끝까지 포기하지 않으시고, 하나님 아버지께 순종의 십자가를 지시고 온 인류의 죄악을 담당해 주셔서, 누구든지 주 예수를 믿기만 하면 구원에 이를 수 있게 하신 주님! 주님을 사랑합니다.

[요한복음 19:28-30]

그 후에 예수께서 모든 일이 이미 이루어진 줄 아시고

성경을 응하게 하려 하사 이르시되 내가 목마르다 하시니 거기 신

포도주가 가득히 담긴 그릇이 있는지라 사람들이 신 포도주를 적신

해면을 우슬초에 매어 예수의 입에 대니 예수께서 신 포도주를 받으신

후에 이르시되 다 이루었다 하시고 머리를 숙이니 영혼이 떠나가시니라

주님께서 말씀하시기를,

"내가 십자가 위에서 '다 이루었다.' 할 때 그 마지막 고통의 신음소리를 너는 듣느냐?

너의 죄, 너희 모두의 죄 때문에 그 마지막 고통까지도 나는 아버지께 너희들의 영혼에 대한 사랑을 간절히 바라면서 숨을 거두었노라.

그러나 너희는 지금 어떠한 모습이 되었느냐?

주님의 마지막 음성을 외면하면서 이기주의와 교만과 게으름과 나태함으로 주님을 찾는 일에 안일하고 나태하며, 인간 중심의 신앙생활을 하고 있지 않은가?

과연, 그 모습이 바른 것일까?"

주님은 물으시면서 지금 깨어 회개하지 않으면, 결코 후회할 수밖에 없는 앞날이 다가오고 있다는 것입니다.

주님은 '믿음으로 나의 이 말을 받아들인 자는, 더욱더 믿음에 서서 주님을 경외할 것이요. 그저 스쳐 가는 소리로 받는 자는 결코 눈이 어두워 주님을 볼 수 없을 것'이라고 말씀하셨습니다.

'세상의 시간도 흘러가고 있지만, 주님의 시간도 흐르고 있다는 것을 깨달아야 한다.'고 말씀하셨습니다.

이 땅에서 더 많은 것을 갖고 이 땅의 복을 누리겠다고 하는 자들에게 주님은 경고하고 계십니다. 우리는 땅의 것을 양보하고 포기하고 하늘의 것에 소망을 갖고 살아야 할 것입니다.

[골로새서 1:4-6]
이는 그리스도 예수 안에 너희의 믿음과 모든 성도에 대한 사랑을 들었음이요 너희를 위하여 하늘에 쌓아 둔 소망으로 말미암음이니 곧 너희가 전에 복음 진리의 말씀을 들은 것이라 이 복음이 이미 너희에게

이르매 너희가 듣고 참으로 하나님의 은혜를 깨달은 날부터 너희 중에서와 같이 또한 온 천하에서도 열매를 맺어 자라는 도다

⑫ 주님의 경고

주님께서 말씀하셨습니다.

"너희의 있는 것을 하늘의 창고에 들이지 않고 땅에다 잔뜩 쌓아두어서 이 땅이 불탈 때 너희도 함께 그곳에 있으리라. 나는 너희를 도무지 알지 못하겠노라." 하고 주님께서 한탄하며 말씀하십니다.

우리는 욕심을 버려야 합니다.

* 욕심이 잉태한즉 죄를 낳고 죄가 장성한즉 사망을 낳느니라
[야고보서 1:15]

지금 우리는 구제하고 선교하고 주님의 일에 사용되는 자들이 되어야 합니다. 들에 있는 작은 꽃도 주님의 섬세한 보살핌을 받거늘 하물며 십자가의 그 사랑을 베풀어 주신 주님께서 우리의 필요를 채워주지 않으시겠습니까?

우리는 이 땅의 것에 욕심을 버려야 합니다.

* 들으라 부한 자들아 너희에게 임할 고생으로 말미암아 울고 통곡하라 너희 재물은 썩었고 너희 옷은 좀먹었으며 너희 금과 은은 녹이 슬었으니 이 녹이 너희에게 증거가 되며 불같이 너희 살을 먹으리라 너희가 말세에 재물을 쌓았도다 보라 너희 밭에서 추수한 품꾼에게 주지 아니한 삯이 소

주님이 흘리신 사랑

리 지르며 그 추수한 자의 우는 소리가 만군의 주의 귀에 들렸느니라 너희가 땅에서 사치하고 방종하여 살육의 날에 너희 마음을 살찌게 하였도다 너희는 의인을 정죄하고 죽였으나 그는 너희에게 대항하지 아니하였느니라 그러므로 형제들아 주께서 강림하시기까지 길이 참으라 보라 농부가 땅에서 나는 귀한 열매를 바라고 길이 참아 이른 비와 늦은 비를 기다리나니 너희도 길이 참고 마음을 굳건하게 하라 주의 강림이 가까우니라 [야고보서 5:1-8]

나도 모르는 사이에 생각과 마음 가운데에 욕심이 잉태되어 죄를 낳게 됩니다. 또 그 죄가 장성하면 사망을 낳게 되는 것입니다. 마음에 들어온 탐욕은 환경 가운데 기회가 되면 내 안에서 나와 죄를 짓게 되기 마련입니다.

우리는 일상생활에서도 작은 것에서부터 큰 것에 이르기까지 절대로 욕심을 내어서는 안 됩니다. 주님이 주신 것에 감사하고, 없으면 없는 대로 주실 것을 믿으므로 주님의 주권을 깨닫고 인정해야만 합니다. 모든 것의 주권을 주님께 맡겨드려 주님께 영광을 돌리는 삶을 살아야 합니다.

[역대상 29:11-12]
여호와여 위대하심과 권능과 영광과 승리와 위엄이 다 주께 속하였사오니 천지에 있는 것이 다 주의 것이로소이다 여호와여 주권도 주께 속하였사오니 주는 높으사 만물의 머리이심이니이다 부와 귀가 주께로 말미암고 또 주는 만물의 주재가 되사 손에 권세와 능력이

있사오니 모든 사람을 크게 하심과 강하게 하심이 주의 손에 있나이다

또한, 마음을 비우는 삶이 항상 반복되어야 합니다. 나는 나의 마음속을 살피지 않고서는 아무것도 할 수가 없습니다. 비록 작지만 작은 것으로부터 큰 것이 이루어지듯이 우리의 마음에 주님으로부터 오는 그 십자가의 사랑이 솟아날 때, 온 몸은 더욱더 주님의 손길이 넘쳐 나게 됩니다.

우리가 보혈을 찾고 의지할 때, 그 보혈은 곧 능력이 됩니다. 곧, 그 가시관이 우리를 지배하게 되는 것입니다. 그로 말미암아 사단이 우리를 괴롭게 할 수가 없습니다.

성령 충만은 '주님의 보혈이 그 사람에게 충만하게 임했다는 것' 이라고 주님은 말씀하십니다. 그래야만 성령의 열매들을 맺는 삶을 살 수가 있게 되는 것입니다.

⑬ 나는 슬프다

　"사랑하는 내 딸 귀복아!
　이제는 성경 읽는 것과 기도하는 것을 더 늘려야 하겠구
나!"
　"귀복아!"
　"예, 주님."
　"이제 너는 내가 보낸 곳에 가서 예언을 해야 할 것이다.
그 일을 하기 위해서 성경을 많이 읽어야 한다."

[이사야 58:1-2]
크게 외치라 목소리를 아끼지 말라 네 목소리를 나팔 같이 높여 내
백성에게 그들의 허물을, 야곱의 집에 그들의 죄를 알리라 그들이
날마다 나를 찾아 나의 길 알기를 즐거워함이 마치 공의를 행하여 그의
하나님의 규례를 저버리지 아니하는 나라 같아서 의로운 판단을 내게
구하며 하나님과 가까이 하기를 즐거워하는도다

　"이제는 놀랍게 너의 삶이 달라질 것이다. 너를 통해서
내가 할 일이 많단다. 알겠느냐?
　이 나라 안에는 많은 교회들이 있지. 그러나 주님이 염려
하는 교회도 있단다. 너는 그곳에 가서 내가 시킨 대로 예언
을 할 것이다."
　"주님, 제가 어찌 감히 교회를 상대로 그런 일을 할 수 있

을까요?"

주님은 말씀하십니다.

"그것은 네가 하는 것이 아니고, 주님이 너를 통해서 일하고 계시느니라."

"예, 주님."

"나는 슬프다. 나는 슬프다."

"주님, 저 같은 죄인의 죄 때문에 슬프시지요? 어찌 주님이 슬프시나요? 주님은 하나님이시잖아요."

"그래, 왜 슬프냐고?

나는 너희를 위해서 많은 피를 흘려서, 죄를 회개할 수 있는 기회를 주어 회개를 통해 구원에 이를 수 있도록 다 해주었건만, 나의 백성은 나를 사랑하는 마음이 점점 식어가고 있는 것이 슬프다.

그러나 이제는 어쩔 수가 없구나. 나의 아버지께서 결정하실 시간이 점점 오고 있구나. 이제는 어쩔 수가 없구나.

내가 내려갈 시간이 점점 가까이 오고 있구나."

"귀복아."

"예, 주님."

"동산에는 언제 와서 찬양할 것이냐?"

* 할렐루야 하늘에서 여호와를 찬양하며 높은 데서 그를 찬양할지어다 그의 모든 천사여 찬양하며 모든 군대여 그를 찬양할지어다 해와 달아 그를 찬양하며 밝은 별들아 다 그를 찬양할지어다 하늘의 하늘도 그를

찬양하며 하늘 위에 있는 물들도 그를 찬양할지어다 그것들이 여호와의
이름을 찬양함은 그가 명령하시므로 지음을 받았음이로다
[시편 148:1-5]

14 외치는 주의 보혈

주님께서 말씀하셨습니다.

"말씀에도 찬양에도 주님의 보혈을 그렇게 외치건만, 어찌해서 나의 백성은 나의 피를 의지하지 않고 살아가는 것이냐? 나의 피를 의지하지 않으면, 능력이 소멸되어 능력 있는 삶을 살 수 없게 되거늘 어찌 그것을 뒤로하고 편하게만 살려고 하는구나. 나의 피를 의지하지 않으면 내가 다 이루어 놓은 구원의 길을 걸어갈 수 없을뿐더러 나의 피를 의지하지 않고는 결코, 죄를 씻음 받을 수가 없느니라. 나의 보혈의 능력은 한없이 한없이 나의 백성이 의지하고 기도할 때 샘솟듯이 솟아나리라. 강같이 흘러나리라. 나의 보혈의 피를 의지하는 자는 생각과 마음이 항상 깨끗하고 결코, 나를 저버리지 않는 자란다."

평소에 우리가 입술을 통해서 내뱉는 말과 부정적인 언어들, 입술의 사고와 입술로 지은 죄, 먹지 말아야 할 것들을 예수 그리스도의 이름으로 제거하고 주의 보혈의 피로 죄 씻음을 받아야 합니다. 또한, 영적으로 체한 사람이 있습니다. 깊은 기도가 안 되고 기쁨이 소멸됩니다. 이럴 때는 나에게 있어 가장 귀한 옥합을 주님께 깨뜨려야 합니다.

[요한계시록 12:11]
또 우리 형제들이 어린양의 피와 자기들이 증언하는 말씀으로써 그를
이겼으니 그들은 죽기까지 자기들의 생명을 아끼지 아니하였도다

　입술로 지은 죄를 주의 이름으로 묶어야 합니다.
　성령의 기름 부음을 받아야 합니다. 주님은 나에게 따뜻
하고 포근한 옷을 입혀주십니다. 흰 옷을 입혀주셨습니다.

[마태복음 12:32-37]
또 누구든지 말로 인자를 거역하면 사하심을 얻되 누구든지 말로 성령을
거역하면 이 세상과 오는 세상에서도 사하심을 얻지 못하리라 나무도
좋고 열매도 좋다 하든지 나무도 좋지 않고 열매도 좋지 않다 하든지
하라 그 열매로 나무를 아느니라 독사의 자식들아 너희는 악하니 어떻게
선한 말을 할 수 있느냐 이는 마음에 가득한 것을 입으로 말함이라 선한
사람은 그 쌓은 선에서 선한 것을 내고 악한 사람은 그 쌓은 악에서 악한
것을 내느니라 내가 너희에게 이르노니 사람이 무슨 무익한 말을 하든지
심판 날에 이에 대하여 심문을 받으리니 네 말로 의롭다 함을 받고 네
말로 정죄함을 받으리라

　주님께서 말씀하셨습니다.

　"귀복아, 나는 너의 주님이시다.
　이제 좀 평안하냐? 오늘도 훈련을 했느니라. 더욱더 힘을
내서 훈련하거라."

"예, 주님. 감사드립니다. 이제는 주님의 보혈의 피로 나의 죄를 씻어주시니 감사드립니다.

오직 주님께만 영광 돌릴 수 있는 기회와 용기를 주신 주님께 감사와 경배를 올립니다."

15 다시 기름 부음이 시작될 것을 말씀하시다

오늘은 성경 읽는 중에 주님께서 말씀하셨습니다.

"귀복아, 나는 너의 주님이시다.

〈주님이 흘리신 사랑〉에 대한 책을 쓰기 위해서는 환상만 가지고는 안 되느니라.

다시금 성령의 기름 부음이 임할 것이다.

다음 주부터는 마음의 준비를 하거라."

"예, 주님."

"될 수 있으면 밖에 나가지 않았으면 좋겠구나. 주님과의 많은 대화를 해야 할 것인데..."

주님은 눈물을 흘리셨습니다.

"주님, 왜 눈물을 흘리시나요?"

"나는 네가 좋아서 나의 일을 하는 것을 생각하니, 또 그로 인해 많은 영혼이 나에게 돌아올 것을 생각하니 좋아서 그러느니라."

"주님, 나와 같은 죄인이 또 어디에 있을까요? 이러한 사람이 있다면 주님을 영접할 수 있도록 당연히 복음을 전해야지요."

"사랑하는 내 딸 귀복아, 나는 너를 사랑한단다."

"주님, 저도 주님 사랑합니다."

"월요일부터 책을 쓸 수 있도록 너에게 성령의 기름을 부을 것이다."

"예, 주님."

16 주님이 주시는 축하 케이크

주님께서 3단 케이크를 저에게 주셨습니다.

1단은 하나님의 사랑
2단은 주님의 사랑
3단은 성령님의 사랑

주님께서 말씀하셨습니다.

"오늘은 너의 생일이니라. 새로운 역사를 쓰는 날이니라. 또한, 새롭게 태어난 것을 기념한 날로 삼거라. 태어나서 지금까지 진정으로 너를 사랑하고, 너를 축복하는 사람이 없었느니라. 그저 인간은 형식일 뿐."

"귀복아!"

"예, 주님."

"이 케이크를 받거라."

선물은 십계명으로 된 십자가 모양의 목걸이였습니다.

"너는 어렸을 때부터 (어린아이가 머리에 머리카락을 날리면서 아무 힘도 없는 아이) 마귀가 괴롭히고, 너는 네 어미의 뱃속에서부터 내가 너를 택하였노라. 이렇게 나에게 돌아왔으니 잘하였도다.

자, 이제는 내가 달아준 복음의 날개를 달고, 앞으로 날아 가거라. 모든 이들이 다 볼 것이다. 하나님의 영광을 위해서, 예수 그리스도의 복음의 일꾼으로 성령의 바람을 타고 전진 하며 선포할지어다."

"아멘."

[에베소서 6:13-17]
그러므로 하나님의 전신 갑주를 취하라 이는 악한 날에 너희가 능히
대적하고 모든 일을 행한 후에 서기 위함이라 그런즉 서서 진리로 너희
허리띠를 띠고 의의 호심경을 붙이고 평안의 복음이 준비한 것으로 신을
신고 모든 것 위에 믿음의 방패를 가지고 이로써 능히 악한 자의 모든
불화살을 소멸하고 구원의 투구와 성령의 검 곧 하나님의 말씀을 가지라

17 말씀을 읽고 기도하는 습관

성경을 읽을 때 성령의 기름 부으심으로 주님의 말씀이 들어옵니다.

"귀복아!"

"예, 주님."

"나는 너의 주님이시다."

주님은 새벽을 깨우지 못한 것을 회개시키십니다.

"주님, 육신의 연약함으로 인하여, 새벽에 하나님 아버지와 주님과 성령 하나님께 경배하지 못한 것을 회개합니다. 주님, 용서하여 주소서."

주님께서 말씀하셨습니다.

"서두르지 말거라. 지금 네가 잘하고 있느니라. 이제는 성경을 읽을 때 지루하지 않을 것이다. 주님의 은혜가 임했으니 성경을 읽을 때 너의 주님이 말씀하실 것이다."

"주님, 저는 주님을 기쁘시게 하고 싶은데요, 너무나 게으르고 나태한 것을 용서해 주세요."

* 아버지께 참되게 예배하는 자들은 영과 진리로 예배할 때가 오나니 곧 이때라 아버지께서는 자기에게 이렇게 예배하는 자들을 찾으시느니라 하나님은 영이시니 예배하는 자가 영과 진리로 예배할지니라 여자가 이르되 메시아 곧 그리스도라 하는 이가 오실 줄을 내가 아노니 그가

오시면 모든 것을 우리에게 알려 주시리이다 예수께서 이르시되 네게
말하는 내가 그라 하시니라 [요한복음 4:23-26]

　"귀복아."
　"예, 주님."
　"너는 속에서 말씀이 체하고 기도가 체하고 속이 불편했
느니라. 이제는 체하지 말거라. 주님이 개입하지 않으면 그
렇게 되느니라."

* 예수께서 대답하여 이르시되 이 물을 마시는 자마다 다시
목마르려니와 내가 주는 물을 마시는 자는 영원히 목마르지 아니하리니
내가 주는 물은 그 속에서 영생하도록 솟아나는 샘물이 되리라
[요한복음 4:13-14]

　"사마리아 여인이 생수의 근원인 주님을 만났을 때 그 심
령의 갈증을 해소한 것처럼, 너도 꾸준히 말씀을 읽는 습관
과 기도하는 습관을 갖거라. 알겠느냐?"
　"예, 주님."

 18 천국에 있는 아가서의 동산

[아가 6:2-4]
내 사랑하는 자가 자기 동산으로 내려가 향기로운 꽃밭에 이르러서 동산 가운데에서 양 떼를 먹이며 백합화를 꺾는구나 나는 내 사랑하는 자에게 속하였고 내 사랑하는 자는 내게 속하였으며 그가 백합화 가운데에서 그 양 떼를 먹이는 도다 내 사랑아 너는 디르사 같이 어여쁘고, 예루살렘같이 곱고, 깃발을 세운 군대같이 당당하구나

천국에는 아가서에 나오는 동산이 있습니다.
이 동산에는 앞에는 생명수 강물이 흐르고, 뒤에는 끝도 없는 길 좌우로 과일나무가 있고, 동산 중앙에는 믿음의 나무가 있습니다.

내가 기도한 사람들이 이 믿음의 나무에 올라가 있었습니다. 그곳에는 그네 같은 의자도 있습니다. 이 의자에는 주님이 주로 말씀하실 때 앉아 계시고 앞에 있는 생명수 강물을 보고 계십니다. 그리고 동산 바닥은 유리로 깔려있고 이 유리 바다는 하나님 아버지가 계신 큰 성에까지 연결되어 있으며, 성 가까이에는 연결이 되지 않았고 물이 흐르고 있었습니다.
또 이곳에는 수많은 천사와 찬양대가 나타나서 찬양하며, 찬양이 울려 퍼질 때 저는 주님과 함께 춤을 춥니다.

그 찬양 중에 하나님 아버지의 임재하심이 나타납니다.

하나님 아버지의 임재하심은 먼저 그룹들과 천사들과 천국의 하늘에 하얀 솜털 같은 구름이 둥글게 뜹니다. 그다음 하나님 아버지의 임재하심으로 그곳은 웅장한 음악과 함께 하나님께 찬양과 경배를 드립니다. 하나님 아버지께서는 크게 웃으시면서 그곳을 떠나십니다.

그러면 그 웅장했던 그곳은 다시 조용해집니다. 그 동산에는 꽃들과 나비들이 있습니다. 수많은 꽃과 천사들은 끊임없이 일을 하고 있습니다.

주님은 말씀하십니다.
"레바논의 백향목과 같이 너는 물 댄 동산 같겠고 주님과 동행하는 삶이 될 것이다. 조금 늦었지만 갑절로 축복할 것이다."
"사랑하는 딸 귀복아!"
"예, 주님."
"내가 네게 말해주었잖니?
천국의 이 동산은 '아가서의 동산'이라고……
이곳은 사랑만 가득하단다."
"주님, 저는 아가서를 읽을 때, 좀 이해가 안 됐습니다. 그러나 주님이 말씀하시니 이해가 됐습니다."

주님은 말씀하십니다.

"귀복아!"

"예, 주님."

"너는 이미 아가서의 '사랑의 동산'에 와 있느니라. 지금도 사랑하고 있느니라. 세상에서는 이상하게 생각이 될지라도 천국은 사랑과 기쁨만이 존재하기 때문에 그것이 당연하게 생각이 된단다. 아가서가 얼마나 주님을 갈망하면서 지은 시인 줄 아느냐? 육신의 것은 다 없어지느니라. 오죽했으면 그 많은 영광을 누린 솔로몬도 자신이 이 꽃 하나만도 못하다고 표현했겠느냐? 인간의 욕심과 이 땅에서 추구하는 모든 것은 썩어질 것이기에 '영의 것'을 구하여야 하느니라. 알겠느냐?"

"내 사랑하는 귀복아, 나의 신부야!"

"예, 주님 사랑합니다. 아멘."

19 안수하시고 축복하시는 주님

기도가 끝나고 주님께서 말씀하셨습니다.

"기도하느라 수고했다. 힘이 드느냐?"

"아닙니다."

그때 저에게 다시 환상이 임했습니다.

천국에서 보았던 그 동산과 주님이 함께 나타나셨습니다. 주님의 모습이 드러나고 나는 그곳에서 주님과 대화를 하게 되었습니다.

나는 기도하면서 회개기도 한 것을 말씀드렸습니다.

"나와 같은 죄인이 어찌 주님 곁에 앉을 수 있겠습니까?"

주님은 말씀하셨습니다.

"아주 작은 죄라도 회개한 자는 다시 죄를 범해서는 안 되느니라. 죄가 들어오기 전에 주님의 보혈을 의지하고 회개하는 자는 내가 모든 죄를 용서하고, 나의 보혈의 피로 씻겨 주느니라. 더욱더 영적으로 깨끗하려면, 계속적인 회개 기도와 말씀이 이루어져야 하느니라."

[베드로 후서 2:20-22]
만일 그들이 우리 주 되신 구주 예수 그리스도를 앎으로 세상의
더러움을 피한 후에 다시 그중에 얽매이고 지면 그 나중 형편이
처음보다 더 심하리니 의의 도를 안 후에 받은 거룩한 명령을 저버리는
것보다 알지 못하는 것이 도리어 그들에게 나으니라 참된 속담에
이르기를 개가 그 토하였던 것에 돌아가고 돼지가 씻었다가 더러운
구덩이에 도로 누웠다 하는 말이 그들에게 응하였도다

주님께서 말씀하셨습니다.
"이리 가까이 와서 앉으라."
나는 그만 무릎을 꿇고, 울기 시작했습니다.
"이 죄인이 어찌 주님 곁에 가까이 가오리까? 이 죄인을
용서하여 주소서."
하면서 울었습니다.

㉒ 불순종하지 말거라

주님께서 말씀하셨습니다.

"불순종은 너와 나 사이에 담을 놓는 것이고 모든 일을 그릇 치는 행위란다. 그로 말미암아 하나님 영광의 나라의 일이 지연되느니라. 악한 마귀는 나의 백성들 속에 이 불순종을 집어넣어 끊임없이 순종하지 못하게 방해하는 것이다."

[이사야 59:1-3]

여호와의 손이 짧아 구원하지 못하심도 아니요 귀가 둔하여 듣지 못하심도 아니라 오직 너희 죄악이 너희와 너희 하나님 사이를 갈라 놓았고 너희 죄가 그의 얼굴을 가리어서 너희에게서 듣지 않으시게 함이니라 이는 너희 손이 피에, 너희 손가락이 죄악에 더러워졌으며 너희 입술은 거짓을 말하며 너희 혀는 악독을 냄이라

"마귀를 대적하거라. 개인, 가정, 단체 속에서 항상 역사하는 마귀가 있느니라. 그들이 신앙의 방향을 다른 곳으로 변질시키는 일을 하기 때문에, 이 불순종의 영들을 예수 그리스도의 이름으로 묶어야 하느니라. 불순종을 하면 나의 은혜가 임하지 않고, 성령의 열매가 아니라 마귀의 열매가 맺어지느니라.

마음속으로부터 입술을 통해 나오는 것이다. 입술에서 어떻게 말이 나오는지가 너무나 중요하단다. 입술로써 '할

수 있다.', '하면 된다.'라고 하는 긍정적인 삶으로의 말이 나오는가? 아니면 항상 입술에서 '죽겠다.', '안 된다.', '못 하겠다.'라는 부정적인 말이 나오는가? 부정적인 말을 하는 사람은 이미 그 마음이 불순종의 영에게 붙들려 있는 것이란다. 어찌하든 먼저 이 마귀의 세력을 자기 속에서부터 예수 그리스도의 이름으로 물리쳐야 만이 '보혜사 성령님'이 임하신다는 사실을 알거라.

그러므로 이제 순종의 통로로 들어오는 자는 복이 있는 자이고, 나의 사랑을 받는 자니라. 순종은 말씀하신 즉시, 온전한 마음으로 기쁘게 행해야 하는데, 그 시기와 마음을 놓쳐버린 자는 나중에 그로 인해 쑥같이 쓴맛을 보고 나서야 깨닫게 되느니라. 그러니 어떠한 사람이 되어야 하겠느냐?"

"예, 주님. 순종의 사람이 되겠습니다."

21 회개는 물 마시듯이 해야 합니다

　세례요한도 예수님도 베드로도 회개를 외치셨습니다.

　우리가 회개하지 않는다면, 어떻게 주님을 만날 수 있을까요? 회개는 물을 마시듯이, 순간마다 항상 끊임없이 해야 합니다.

* 이때부터 예수께서 비로소 전파하여 이르시되 회개하라 천국이 가까이 왔느니라 하시더라 [마태복음 4:17]

* 베드로가 이르되 너희가 회개하여 각각 예수 그리스도의 이름으로 세례를 받고 죄 사함을 받으라 그리하면 성령의 선물을 받으리니 [사도행전 2:38]

　주님은 우리에게 생명을 아끼지 않으시고 주셨습니다.

　주님은 한 사람이라도 지옥에 가는 것이 하나님 아버지의 뜻이 아니라고 말씀하십니다. 이 지구상에 살아가는 모든 인간은 다 하나님 아버지가 창조하신 사람들입니다.

　그러므로 그 누구라도 자신의 죄를 회개하고 예수 그리스도를 구주로 영접하여 주님의 자녀 된 삶을 산다는 것은 너무나 놀라운 일입니다.

[요한계시록 22:14-15]
자기 두루마기를 빠는 자들은 복이 있으니 이는 그들이 생명나무에
나아가며 문들을 통하여 성에 들어갈 권세를 받으려 함이로다 개들과
점술가들과 음행하는 자들과 살인자들과 우상 숭배자들과 및 거짓말을
좋아하며 지어내는 자는 다 성 밖에 있으리라

저는 천국 방문을 통해서 정말 실감 나게 느끼고 깨달았습니다. 주님이 함께하지 않으시면 죄를 씻을 수가 없고, 주님의 보혈의 피가 없이는 하나님 아버지의 보좌 앞에 갈 수도 없다는 것을 말입니다.

주님은 천국에서도 수시로 회개를 시키십니다. 이전에는 회개 소리만 나오면, '회개를 했는데 왜 또 하라고 하냐?' 하고 구시렁대곤 했습니다. 그러나 이제는 '회개할 것이 없는가?' 하고 생각하며 저를 되돌아보곤 합니다. 왜냐하면, 빨리 죄를 떨쳐버려야만 성령으로 주님이 오시니까요. 죄를 가지고 있으면 몸이 불편하고 머리가 무겁습니다. 그 죄를 빨리 입술로 회개하고 떨쳐버려야 합니다. 그러면 성령의 인도하심으로 기도할 수 있게 되는 것입니다.

우리가 회개할 때 탕자가 돌아와서 자기의 신분을 다시 찾는 것처럼, 잃어버렸던 은혜의 강물이 넘쳐나게 되고 말씀의 강물, 치유의 강물, 주님이 흘리신 보혈의 강물이 우리의 영과 육을 치료하는 역사가 일어나게 되는 것입니다. 그래서

회개는 물을 마시듯이 자주 하는 것이 영과 육에 너무나 많은 시원함과 상쾌함을 줍니다.

* 이에 일어나서 아버지께로 돌아가니라 아직도 거리가 먼데 아버지가 그를 보고 측은히 여겨 달려가 목을 안고 입을 맞추니 아들이 이르되 아버지 내가 하늘과 아버지께 죄를 지었사오니 지금부터는 아버지의 아들이라 일컬음을 감당하지 못하겠나이다 하나 아버지는 종들에게 이르되 제일 좋은 옷을 내어다가 입히고 손에 가락지를 끼우고 발에 신을 신기라 그리고 살진 송아지를 끌어다가 잡으라 우리가 먹고 즐기자 이 내 아들은 죽었다가 다시 살아났으며 내가 잃었다가 다시 얻었노라 하니 그들이 즐거워하더라 [누가복음 15:20-24]

22 길을 걸을 때 주님은
말씀하십니다

"귀복아!"

"예, 주님."

"이 세상에는 많은 부류의 사람들이 각기 다른 형태를 가지고 살아가고 있단다. 저 많은 사람이 다 나를 알고 나를 영접하면 얼마나 좋겠느냐마는 그렇지가 않단다. 사람들은 오직 '자기중심으로 잘 살면 된다.'는 생각이 강하게 밀려와 오직 자기 위주로만 삶을 살려고 한단다.

그러나 그 사람이 이 땅에서 호화롭게 잘 입고 잘 살고 그렇게 '나만', '나만' 하는 삶이 끝나는 날, 그가 진정 가는 곳은 어디이겠느냐?"

* 한 부자가 있어 자색 옷과 고운 베옷을 입고 날마다 호화롭게 즐기더라 그런데 나사로라 이름하는 한 거지가 헌데 투성이로 그의 대문 앞에 버려진 채 그 부자의 상에서 떨어지는 것으로 배불리려 하매 심지어 개들이 와서 그 헌데를 핥더라 이에 그 거지가 죽어 천사들에게 받들려 아브라함의 품에 들어가고 부자도 죽어 장사되매 그가 음부에서 고통 중에 눈을 들어 멀리 아브라함과 그의 품에 있는 나사로를 보고 불러 이르되 아버지 아브라함이여 나를 긍휼히 여기사 나사로를 보내어 그 손가락 끝에 물을 찍어 내 혀를 서늘하게 하소서 내가 이 불꽃 가운데서 괴로워하나이다 아브라함이 이르되 얘 너는 살았을 때

에 좋은 것을 받았고 나사로는 고난을 받았으니 이것을 기억하라 이 제 그는 여기서 위로를 받고 너는 괴로움을 받느니라 그뿐 아니라 너 희와 우리 사이에 큰 구렁텅이가 놓여 있어 여기서 너희에게 건너가 고자 하되 갈 수 없고 거기서 우리에게 건너올 수도 없게 하였느니라 [누가복음 16:19-26]

"귀복아!"
"예, 주님."
"나는 나를 알려고 하지 않는 사람을 말하는 것이 아니 다. 다만, 내가 바라는 것은 나를 알던 사람, 실족한 사람, 나 를 알려고 하는 사람들의 영혼이 순간순간 나를 알고 싶어 하 지만 그들에게 다가가서 이끌어 줄 사람이 없구나. 나는 그 들이 내게로 돌아왔으면 좋겠구나.

나는 그들을 불쌍히 여기느니라. 세상에서 방황하다 죄의 짐으로 짓눌린 그 영혼들을 나는 나의 보혈의 피로 어루만져 주고 싶고 나의 사랑으로 감싸주고 싶구나. 나는 네가 이런 자들에게 빛을 발할 수 있는 자가 되었으면 좋겠구나. 나의 뜻을 전하는 자가 되어 주렴."
"예, 주님."

* 일어나라 빛을 발하라 이는 네 빛이 이르렀고 여호와의 영광이 네 위에 임하였음이니라 보라 어둠이 땅을 덮을 것이며 캄캄함이 만민을 가리려 니와 오직 여호와께서 네 위에 임하실 것이며 그의 영광이 네 위에 나타 나리니 나라들은 네 빛으로, 왕들은 비치는 네 광명으로 나아오리라 네

눈을 들어 사방을 보라 무리가 다 모여 네게로 오느니라 네 아들들은 먼 곳에서 오겠고 네 딸들은 안기어 올 것이라 그때에 네가 보고 기쁜 빛을 내며 네 마음이 놀라고 또 화창하리니 이는 바다의 부가 네게로 돌아오며 이방 나라들의 재물이 네게로 옴이라 [이사야 60:1-5]

23 인위적인 기도와 영적인 기도

* 두 사람이 기도하러 성전에 올라가니 하나는 바리새인이요 하나는 세리라 바리새인은 서서 따로 기도하여 이르되 하나님이여 나는 다른 사람들 곧 토색, 불의, 간음을 하는 자들과 같지 아니하고 이 세리와도 같지 아니함을 감사하나이다 나는 이레에 두 번씩 금식하고 또 소득의 십일조를 드리나이다 하고 세리는 멀리 서서 감히 눈을 들어 하늘을 쳐다보지도 못하고 다만 가슴을 치며 이르되 하나님이여 불쌍히 여기소서 나는 죄인이로소이다 하였느니라 내가 너희에게 이르노니 이에 저 바리새인이 아니고 이 사람이 의롭다 하심을 받고 그의 집으로 내려갔느니라 무릇 자기를 높이는 자는 낮아지고 자기를 낮추는 자는 높아지리라 하시니라 [누가복음 18:10-14]

인위적인 기도는 기도에 집중이 안 되고, 영적인 기쁨이 없고, 잡생각과 지루함이 오며 분별이 잘되지 않습니다.

영적인 기도를 하려면 먼저 마귀를 묶어야 합니다. 그다음 진지한 맘으로 주님께 무릎을 꿇어야 합니다. 그리고는 주님께 고백해야 합니다.

'주님, 저를 불쌍히 여겨 주세요. 저는 죄인입니다.'

이렇게 회개가 이루어지고 나면 비로소 영적인 기도가 시작됩니다. 기도의 통로는 바뀌게 됩니다. 성령님의 인도하심을 받게 되는 것입니다. 성령 충만을 받게 되면 모든 것이 깨달아지고, 꿈과 비전을 갖게 되고, 주님의 세미한 음성을 듣게 되며, 또한 회개의 영이 임하여서 지혜와 믿음이 충만하게 됩니다.

주님은 너무나 잘 아십니다. 우리의 마음속에 위선이 있는지 참 회개를 하는지, 우리의 기도하는 자세는 겸손에서부터 출발해야 합니다. 나의 모든 것을 다 아시는 주님은 우리가 겸손하게 낮아질 때까지 기다리십니다. 그다음 성령으로 옷을 입혀주시고 영적인 힘을 주십니다.

24 지옥 (자살한 자가 가는 불타는 지옥)

* 개들과 점술가들과 음행하는 자들과 살인자들과 우상 숭배자들과 및 거짓말을 좋아하며 지어내는 자는 다 성 밖에 있으리라
[요한계시록 22:15]

주님은 갑자기 나의 손을 잡으시고 생명수 강과 황금 다리를 건너서 어딘가로 가는 것이었습니다. 갑자기 나는 좀 무서운 느낌이 들었습니다.

주님은 나를 데리고 다리 끝에서 앞을 바라보라고 말씀하셨습니다. 눈 앞에 펼쳐진 것은 끝도 없는 검은 빛깔의 커다랗고 깊은 모양의 웅덩이 같은 공간이 눈에 들어왔습니다. 그리고는 그곳에서 불이 금을 녹일 때 나오는 색깔처럼 시뻘겋게 타오르고 있었고, 그 불꽃 속에서 저는 어떤 낯익은 음성을 듣게 되었습니다. 사람의 형체는 알아볼 수 없었지만, 음성은 정확하게 이 땅에 있을 때나 그곳에서 말하는 것이 똑같았습니다. 그분은 바로 제 육신의 아버지였습니다.

이 땅에 계실 때 우상숭배하다 주님을 영접했지만, 육신의 질병으로 인해서 너무나 힘든 삶을 사시다가 약을 잡수시고 자살을 하였습니다. 그 불꽃 속에서 음성이 들려옵니다.

"내가 이럴 줄 알았으면 자살을 하지 않았을 것인데. 이렇게 뜨겁고 고통스러운 곳에 올 줄 알았다면, 내가 주님을 좀 더 잘 믿었을 것을" 하며 후회하는 그 음성을 듣자 나는 마음이 너무나 무겁고 침통하고 슬펐습니다.

또다시 음성이 들려왔습니다.
"나를 이곳에서 꺼내줄 자는 아무도 없단다. 너무나 후회스럽구나. 너무나 원통하구나. 주님을 좀 더 잘 믿을 것을" 하고 후회하는 소리를 들었습니다. 나는 황금 다리에 앉아서 통곡했습니다.

뒤따라서 들려오는 두 명의 음성이 또 있었습니다.
그분은 저의 작은 어머니와 그의 아들이었습니다. 그들은 너무나 원통하고 분하다고 하면서 통곡하였습니다. 그 아들은 남아있는 자기 여동생에게 꼭 주님을 영접할 수 있게 해달라고 부탁을 했습니다. 제발 이 불구덩이 속에 오지 않게 해달라고 말입니다.

하나님께서 주신 생명을 함부로 자기 마음대로 해하는 사람이 가는 지옥에서, 불구덩이 속에서 통곡하는 그들의 울부짖음을 들을 때 주님께서 말씀하셨습니다.
하나님께서 주신 생명을 자기 마음대로 자살한 자가 가는 곳이 어떤 곳인지를 책에 기록하라고 주님은 말씀하셨습니다. 지옥의 불길은 마치 내가 서 있는 곳까지 튀어 올라올 듯 솟구쳤습니다. 주님은 나를 안고 빨리 지옥에서 나와 동산으로 날아왔습니다.

나는 너무나 마음이 아팠습니다.
"주님, 제가 제 육신의 아버지에게 확실하게 복음을 전하지 못했어요. 용서해 주세요."
하고 말씀드렸습니다.

25 지옥 (우상숭배자가 받는 고통)

* 그러나 두려워하는 자들과 믿지 아니하는 자들과 흉악한 자들과
살인자들과 음행하는 자들과 점술가들과 우상숭배자들과 거짓말하는
모든 자들은 불과 유황으로 타는 못에 던져지리니 이것이 둘째 사망이라
[요한계시록 21:8]

　그곳에서 또 하나의 장면을 보게 되었습니다.

　유황불이 타오르는 곳 가운데에 너무나 커다란 검은 바위가 있었습니다. 그 바위 위에, 사람의 형체를 가졌으나 불에 너무 타서 형체를 알아볼 수 없을 정도로 변한 모습으로 바위에 붙어 있었는데, 두꺼비 형상으로 납작하게 바위에 붙어 덜덜덜 떨며 눈동자만 움직였습니다.

　'언제 저 아래 불 속으로 떨어질까?' 하며, 덜덜덜 떨면서 불 속에서 바위로, 또 불 속으로, 반복적인 행위를 하고 있었습니다.

　그곳은 우상숭배한 자가 가는 지옥이었는데, 얼마나 우상숭배가 끔찍한지 알 수 있었습니다. 저의 육신의 아버님도 이 땅에 계실 때 처음에는 우상숭배를 하셨습니다.

　나는 열심히 복음을 증거 했고 교회를 나가시게 됐지만, 믿음의 확신이 없었습니다. 또한, 우상숭배한 죄를 회개하지 못하셨습니다. 그래서 결국 우상숭배와 자살이라는 죄를 범하게 되었습니다. 주님은 우상숭배자가 어떻게 고통받는지 책에 기록하여 보여주시라고 말씀하셨습니다.

26 신령한 몸으로 기름 부음

주님께서 말씀하셨습니다.

"신령한 몸으로 기름 부음을 받으라."고 말씀하시고, "무릎을 꿇으라."고 말씀하셨습니다. 온몸이 빛에 들어가 있고, 성령의 불길이 빛 속에서 타오릅니다.

주님은 나를 부르셨습니다. 천국의 동산으로 부르셨습니다. 그곳에서 주님께 경배를 드리고, 주님은 함께 춤을 추자고 하셨습니다. 천국의 찬양에 맞추어서 한참 춤을 추고 나서 주님은 나를 안으시면서 말씀하셨습니다.

"사랑한다. 나의 딸 귀복아!"

"예, 주님. 저도 주님을 사랑합니다."

주님과 나는 의자에 앉았고 주님은 나를 안아주시면서 눈물을 흘리기 시작하셨습니다. 갑자기 동산 바위 사이사이에 파란 새싹이 돋아나고 어느새 푸른 이파리들이 솟아났는데 그때 주님께서 말씀하셨습니다.

"귀복아!"

"예, 주님."

"왜 내가 눈물을 흘리는지 아느냐? 나는 저 푸른 새싹이 솟아나는 것을 볼 때 나의 택한 백성들이 '언제쯤에야 믿음으로 싹이 트고 자라 나에게 올까?' 하고 생각할 때 눈물이 난단다. 모든 새싹이 트고 잎이 솟아나는 계절이건만 나의 사랑하는 백성들은 언제쯤에야 믿음이 성장할꼬?"

하실 때, 나의 눈에서도 눈물이 흐르고 있었습니다.

[마태복음 7:16-20]
그들의 열매로 그들을 알지니 가시나무에서 포도를, 또는 엉겅퀴에서 무화과를 따겠느냐 이와 같이 좋은 나무마다 아름다운 열매를 맺고 못된 나무가 나쁜 열매를 맺나니 좋은 나무가 나쁜 열매를 맺을 수 없고 못된 나무가 아름다운 열매를 맺을 수 없느니라 아름다운 열매를 맺지 아니하는 나무마다 찍혀 불에 던져지느니라 이러므로 그들의 열매로 그들을 알리라

27 주님은 말씀하십니다

"파수꾼이 아침을 기다림같이 '주님을 맞을 준비하는 목자들을 깨워주소서' 라고 하라. 이 민족 안에 있는 교회에 내가 너를 보낼 것인즉, 너는 가서 주님이 말씀하신 대로 예언할 것이다."

"주님이 준비시키신 말씀을 가지고 그렇게 문턱이 높은 주의 전에 제가 어찌 갈 수 있을까요?"

"내가 너를 준비가 다 끝난 후에 보낼 것인즉 기다리라. 또 가장 낮은 곳에 가서도 네가 나의 뜻을 전하게 될 것이다. 그것뿐이 아니나, 아직은 말을 할 수가 없다. 놀라운 일들이 일어날 것이다. 주님으로 말미암아 너의 예언 방식은, 주님이 보낸 곳에 가서 그곳에서 주님이 직접 말씀하신 것을 네가 방언으로 통역해서 예언하는 것이다. '병자와 문제 있는 자' 를 주님이 말해 줄 것이다."

* 너는 알지 못하였느냐 듣지 못하였느냐 영원하신 하나님 여호와,
땅끝까지 창조하신 이는 피곤하지 않으시며 곤비하지 않으시며 명철이
한이 없으시며 피곤한 자에게는 능력을 주시며 무능한 자에게는 힘을
더하시나니 소년이라도 피곤하며 곤비하며 장정이라도 넘어지며
쓰러지되 오직 여호와를 앙망하는 자는 새 힘을 얻으리니 독수리가

날개 치며 올라감 같을 것이요 달음박질하여도 곤비하지 아니하겠고
걸어가도 피곤하지 아니하리로다
[이사야 40:28-31]

28 주님이 보여주신 종

"사랑하는 딸 귀복아!

나는 너의 주님이시다. 내가 왜 그 종을 보여주었는지 아느냐? 그러한 죄를 짓기 때문이다. 그도 예전에는 나에게 기도하고 나의 사랑을 입었느니라.

그런데, 이제 자기 마음대로 하려고 하는 것이 나는 싫다. 종의 축복권을 가지고 자기 마음대로 하려고 하는 주의 종들을 보면 나는 마음이 아프다."

[로마서 2:5]
다만 네 고집과 회개하지 아니한 마음을 따라 진노의 날 곧 하나님의
의로우신 심판이 나타나는 그 날에 임할 진노를 네게 쌓는도다

"주님, 그곳을 저 같은 사람이 어떻게 갈 수 있을까요?"

"주님이 하는 것이지 네가 하는 것이 아니다. 너는 가서 예언하게 될 것이다."

"예, 주님! 주님이 보내신 곳이면 어디든지 가겠습니다."

"사랑하는 딸 귀복아, 나는 너를 사랑한다."

"주님, 저도 주님을 사랑합니다."

"너는 조금 전에 심부름을 갔다 왔지? 그래서 네 남편이 뭐라고 했지? 너의 생각은 '이렇게 했으면 좋겠다.' 라고

생각해서 한 것이지만, 주님이 허락하시지 않는 것은 해서는 안 된다는 것을 깨달으라.

　오직 주님이 시키신 일만 하거라. 그 나머지는 인간의 생각으로 하는 것이다. 그로 말미암아 능력이 소멸되고 주님과의 관계가 점점 멀어지기 때문에, 더욱 그것을 메우기 위해서 인간의 은혜를 끼치게 되느니라."

[로마서 2:6-8]
하나님께서 각 사람에게 그 행한 대로 보응하시되 참고 선을 행하여 영광과 존귀와 썩지 아니함을 구하는 자에게는 영생으로 하시고 오직 당을 지어 진리를 따르지 아니하고 불의를 따르는 자에게는 진노와 분노로 하시리라

　"사랑하는 딸 귀복아."
　"예, 주님."
　"모든 시끄러운 일이 발생하는 것은 주의 뜻을 바로 행치 않기 때문에, 인간의 아집과 고집, 자기 마음대로 축복권을 가지고 함부로 사용하기 때문에 생기는 것이다.

　네가 아무리 배가 고파도 나의 능력을 가지고 밥을 사 먹을 수 없듯이 나도 배가 고파서 무화과나무에게 갔지만 열매가 없었다. 그러나 그때 하나님 아버지께 기도해서 열매를 열리게 할 수는 없겠느냐? 모든 능력은 개인적으로 쓰는 것이 아니고 오직 하나님 아버지의 영광만이 드러나야 하느니라. 알겠느냐?"

"예, 주님."

[마태복음 6:22]
눈은 몸의 등불이니 그러므로 네 눈이 성하면 온몸이 밝을 것이요

"주님이 주신 직분이나 능력, 모든 것은 오직 주님의 영광만을 위해서 사용할 때 빛이 나고, 잡음이 없고, 해가 되지 않는다는 것이지요?"

"나의 능력을 함부로 사용한 자들은 결국 고통을 받게 된단다. 돈으로 넘어진 자는 육신의 고통이 오고, 명예를 좇는 자는 수치를 당하게 될 것이고, 사랑에 눈이 먼 자는 배신으로 비참한 최후를 맞게 된단다.

주님의 능력이 있는 자가 죄를 범하면 다시 회복하기가 어렵고 결국 그 사람은 많은 눈물로써 회개해야 하느니라. 그것조차도 모르고 살아가는 사람도 있단다. 알겠느냐?"

"예, 주님."

주님은 말씀하십니다.

"많은 사람이 처음에는 기도하고 회개하고 주님의 뜻이라면 주님의 영광을 위해서라면 무엇이든지 하겠다고 하면서, 내가 택하여 일꾼이 되게 해놓으면 어느새 변질되기 시작하여 '언제 그런 기도를 했으며, 언제 주님과 대화를 했을까?' 주님께 여쭤보기도 전에 자기 마음대로, 자기가 주님의 위치에서 독단을 부리기 시작하느니라.

아무리 내가 사랑하고 나의 일을 많이 했다 할지라도 나는 그를 도무지 알지 못하겠노라. 내가 아는 것은 그가 와서 나에게 간절히 기도하던 그 시간만 기억하고 있느니라."

[마태복음 7:22-23]
그 날에 많은 사람이 나더러 이르되 주여 주여 우리가 주의 이름으로 선지자 노릇하며 주의 이름으로 귀신을 쫓아내며 주의 이름으로 많은 권능을 행하지 아니하였나이까 하리니 그 때에 내가 그들에게 밝히 말하되 내가 너희를 도무지 알지 못하니 불법을 행하는 자들아 내게서 떠나가라 하리라

"귀복아!"
"예, 주님."
"어찌해서 그들은 나의 마음을 이리도 아프게 한단 말이냐? 자기들의 어려운 일이 있을 때만 나의 귀에 대고 '주님, 이렇게 해 주세요' 하고 기도하면서 나를 협박하는 것이냐? 나는 그래도 그들의 기도를 들어주느니라. 어찌 그러는지 아느냐?"
"예, 주님."
"말해 보거라."
"주님의 백성들이 많이 있기 때문이지요."
"그래, 네 말이 맞다. 나의 백성들을 많이 거느리고 있기 때문에 내가 어쩔 수 없이 기도를 들어 주고 있다마는 그 사람의 최후는 어떻게 되겠느냐?"

"예, 주님 앞에 혼자 설 때에 자기의 행한 대로 계산할 날이 오겠지요."

"그래, 맞다. 그 날이 오고 있음을 자기는 알지 못하고 있는 것 같구나. 나는 자비를 원하고 제사를 원치 않는단다."

* 나는 자비를 원하고 제사를 원하지 아니하노라 하신 뜻을 너희가 알았더라면 무죄한 자를 정죄하지 아니하였으리라 인자는 안식일의 주인이니라 하시니라 [마태복음 12:7-8]

29 주님의 뜻을 바로 행한 자

"어찌해서 나의 자녀들은 그것을 알지 못할까? 너는 나의 뜻을 바로 행하길 바란다. 귀복아!"

"예, 주님."

"내가 많은 시간을 지켜보았지만, 인생의 허무함을 보느니라. 인간은 정말 힘이 없느니라. 오직 하나님의 뜻을 행할 때 빛이 나고, 그 외에 모든 것은 빛이 없는 것들이란다. 그런데, 사람들은 그것을 잡으려고 하나님보다 더 세상 것에 마음과 모든 것을 쏟으면서 질주하고 있고, 주님을 찾는 일은 필요할 때만 찾고 구하는 액세서리에 불과하게 생각하는 시대가 왔구나. 그만큼, 이제는 때가 가까이 왔다는 것이다.

믿는 자는 믿음을 굳게 하고 회개가 안 된 자는 회개를 해야 할 때가 바로 지금이라는 것을 알리기 위해서, 나는 너를 통해 이 책을 쓰고 있고 이 책을 읽는 자마다 더욱더 깨어났으면 좋겠구나."

[로마서 12:12]
소망 중에 즐거워하며 환난 중에 참으며 기도에 항상 힘쓰며

주님이 홀리신 사랑

㉚ 사모하는 마음

처음 신앙생활을 할 때 바라보는 대상은 오직 주님이셔야 합니다. 주님을 사모하는 마음이 들 때면 모든 것을 다 드릴 수 있는 마음의 자세를 갖게 됩니다. 잘못하면 영적인 분별을 할 수 없어 주님이 아닌 사람을 사모하게 되며 시험에 빠지게 됩니다.

사람은 모두 변합니다. 사람을 기대하면 실망하게 됩니다. 그러므로 사람을 영원히 기대하고 신뢰할 수가 없습니다. 오직 우리의 사모하는 대상은 주님 한 분밖에 없는 것입니다. 오직 주님을 먼저 사모한 후에야 비로소 그 주님의 이름으로 다른 사람을 사랑하고 신뢰하게 되는 것이지, 사람을 사모한다던가 사람이 신뢰의 대상이 되어서는 안 됩니다. 오직 주님이 주시는 사랑만이 맑고 깨끗한 사랑하는 마음이 되는 것입니다.

그러나 그것이 잘못하면 올무에 빠지게 되고, 정신적으로 고통을 받을 수도 있습니다. 우리에게는 이러한 영적 분별이 정말 필요합니다. 분별하지 못하면 냉철하지 못하기 때문에 시험에 빠지고 넘어지기 쉽습니다. 우리의 마음은 그로 말미암아 상처를 받게 되는 것입니다.
먼저 주님을 간절히 사모하는 마음을 가져야 하겠습니다.

[요한복음 21:17]

세 번째 이르시되 요한의 아들 시몬아 네가 나를 사랑하느냐 하시니

주께서 세 번째 네가 나를 사랑하느냐 하시므로 베드로가 근심하여

이르되 주님 모든 것을 아시오매 내가 주님을 사랑하는 줄을 주님께서

아시나이다 예수께서 이르시되 내 양을 먹이라

31 주님의 마음을 헤아리지 못할 때

주님은 말씀하십니다.

우리의 기도하는 시간을 기다리신다고, 주님은 우리가 바르게 행하지 않을 때 화가 나신다고 말씀하십니다. 우리의 자녀들이 말을 안 듣고 바르지 못할 때 부모는 야단을 칩니다. 주님도 눈에 보이지 않을 뿐이지 우리에게 화가 나신다는 것입니다.

또한, 너무나 슬퍼하실 때도 있으십니다. 주님의 자녀가 세상과 타협하면서 살아가고 믿음을 상실했을 때 주님은 슬퍼하십니다. 어리석은 우리 인생은 자기가 잘난 것처럼 의기양양하게 살아가지만, 주님은 모든 것을 다 아시기 때문에 슬퍼하시는 것입니다.

우리에게 사랑과 위로와 지혜를 주고자 할지라도 그것을 외면해 버린다는 것입니다. 결국, 시간이 지나고 그것을 깨달았을 때는 영혼육과 환경, 그리고 모든 것이 상처투성이로 변해 있는 모습만 남아있게 되는 것입니다.

[창세기 6:5-7]
여호와께서 사람의 죄악이 세상에 가득함과 그의 마음으로 생각하는
모든 계획이 항상 악할 뿐임을 보시고 땅 위에 사람 지으셨음을

한탄하사 마음에 근심하시고 이르시되 내가 창조한 사람을 내가
지면에서 쓸어버리되 사람으로부터 가축과 기는 것과 공중의 새까지
그리하리니 이는 내가 그것들을 지었음을 한탄함이니라 하시니라

성경에도 주님이 화를 내시는 부분이 있습니다.

우리는 주님을 화내시게 하면 안 됩니다. 주님을 기쁘시게
해야 합니다. 무엇보다도 죄를 범하지 말아야 합니다. 죄의
본질을 뿌리 뽑아내야 합니다.

또한, 주님의 것을 구별해서 드려야 합니다.

가장 중요한 것은 말씀을 읽는 것과 기도 생활을 하는 것
입니다. 이러한 생활이 반복되어 진다면 성령이 충만해져서
복음을 전할 수 있게 되고, 항상 기쁘게 주님과 함께 살아갈
수 있게 되는 것입니다.

오직 우리는 주님 앞에 기쁨이 되어야 합니다.

우리의 삶이 오직 주님께 영광된 삶이 되도록 살아야 합니
다. 오늘도 경배를 받으시기에 합당하신 주님께, 감사와 찬
양을 올립니다. 아멘!

32 새벽을 깨워야 하느니라

* 내 영광아 깰지어다 비파야, 수금아, 깰지어다 내가 새벽을
깨우리로다 주여 내가 만민 중에서 주께 감사하오며 뭇 나라 중에서
주를 찬송하리이다 무릇 주의 인자는 커서 하늘에 미치고 주의 진리는
궁창에 이르나이다
[시편 57:8-10]

주님께서 말씀하셨습니다.

"새벽에 충분히 기도하지 않으면 그 날의 일들을 이겨낼
수 없다는 것을 말해주고 있느니라."

"귀복아!"

"예, 주님."

"내가 네게 명하노니 주의 이름으로 기쁨이 충만할지어
다. 평강이 넘칠지어다. 머리도 깨끗이 치료될지어다.

기도 준비 없이 일을 보러 다니는 것은 군인이 총은 있으
나 실탄을 갖지 않고 다니는 것과 같단다. 갑자기 비상사태
가 오면 총을 쏴야 하는데 실탄이 없는 고로 쓸모없는 총이
되고 마느니라. 충만하게 기도를 하지 않으면 사단이 괴롭게
한단다. 알겠느냐?"

"주님, 깨닫게 하시니 감사드립니다."

"너는 지금 어린아이와 같이 발걸음을 떼고 있느니라.

그러니 너는 매사에 신중해야 하고 항상 너의 주님께 여쭈어보거라. 이제는 새벽에 어찌해서 기도를 1시간 이상 해야 하는지 알겠느냐?”

　“예, 주님. 나를 맑게 하여주시고 나를 치료하여 주시니 감사드립니다.”

　주님께서 말씀하셨습니다.

　“나는 너의 주님이시다. 네가 평안하니 기쁘구나!

　내가 너를 깨워도 못 들은 척하고 잠자는 너의 모습을 보고 오늘은 ‘깨닫게 해야겠다.’ 하고 생각했느니라.”

　“주님, 이 죄인을 용서해 주세요. 너무나도 세밀하신 주님이신데, 제가 인간의 어리석음을 나타내 보였습니다. 괜히 가족들에게 짜증만 냈습니다.”

　“네 속에서 나온 화는 네가 내는 화도 있겠지만, 주님이 기쁘지 않기 때문에 나오는 것도 있단다.”

　“사랑하는 딸 귀복아!”

　“예, 주님.”

　“이제 좀 평안하냐?”

　“예, 주님. 평안합니다. 머리도 가볍습니다. 주님은 정말 능력이 많으시니까요. 저를 고치기도 하시고 아프게 놔두기도 하시고 또한 깨닫게도 하시고요.

　정말 위대하신 주님! 사랑합니다.

　나의 주님! 나의 주님이심을 정말 감사드립니다.”

"그래, 나는 너의 주님이시다. 나는 모든 것을 통치하고 섭리하고 있느니라."

33 주님의 기도

"귀복아! 나의 사랑하는 딸아! 나는 너를 늘 기다리고 있다고 하지 않더냐? '무엇을 어떻게 하나?' 하며 나는 네게 관심이 많단다. 그런데, 너는 흡족한 기도를 하지 않고 너의 방식대로 생활하려고 하는구나. 그러면 되겠느냐?"

"주님, 저를 늘 깨닫게 해 주세요. 저의 어리석고 둔한 심령으로는 주님의 그 깊으신 뜻을 헤아릴 수가 없나이다."

"귀복아, 나의 가시관에서 떨어진 보혈의 피로 내가 너를 정결케 하였노라."

주님은 내 머리에 손을 얹으시고 안수하셨습니다.
"말씀의 능력이 임할지어다.
주의 능력이 임할지어다.
갑절의 영감이 임할지어다.
영권이 임할지어다.
악한 마귀를 묶을 수 있는 능력이 임할지어다.
주의 이름으로 악한 마귀사단은 떠나갈지어다.
주님의 이름으로 기도합니다. 아멘."

[마태복음 16:17-18]
예수께서 대답하여 이르시되 바요나 시몬아 네가 복이 있도다 이를 네게 알게 한 이는 혈육이 아니요 하늘에 계신 내 아버지시니라 또 내가 네게

주님이 흘리신 사랑

이르노니 너는 베드로라 내가 이 반석 위에 내 교회를 세우리니 음부의 권세가 이기지 못하리라

"귀복아!"
"예, 주님."
"이제 머리가 맑아졌느냐?"
"예, 주님. 감사드립니다."
"새벽에 내가 깨우거든 빨리 일어나서 기도하거라. 알았느냐?"

주님이 저를 깨우시는 시간은 새벽 2~3시경입니다.
먼저는 삼위일체 하나님께 경배를 올립니다.
이 세상에서 살아가는 동안에는 항상 새벽에 일어나 하나님께 경배를 드려야 한다고 하십니다. 그것이 우리의 축복이라고 주님은 말씀하십니다.

"주님, 감사드립니다. 알게 하시고 깨닫게 하셔서, 정말 아무것도 모르는 저에게 하나하나 간섭하시고 섭리해주시는 주님, 감사와 찬양을 드립니다."

34 나를 섬세하게 다루시는 주님

"나는 너를 섬세하게 다루고 있느니라. 나와 같은 자가 또 어디 있겠느냐?

나는 한 가지도 그냥 지나쳐 버리는 것이 없이 반드시 나의 뜻대로 이루어 나아가니라. 알겠느냐?"

"예, 주님. 주님은 나의 힘이시고 방패이시며 소망이십니다. 나의 능력과 힘이 되시고 방패가 되시는 주님, 주님을 경배합니다."

주님께서 말씀하셨습니다.

"항상 무슨 일이 있을 때는 주변을 탓하지 말고 너를 돌아보는 습관을 갖거라. 모든 문제의 해답은 자기 자신에게서 발견해야 하느니라.

그러나 사람들은 제각기 다른 곳으로 시선을 돌리면서 거기에다 그 문제의 초점을 맞추려 하고 그곳에서 해결하려 하는, 문제를 떠넘기려는 습성이 있느니라.

하지만 결국은 그것이 자기에게로 문제가 더 커져서 돌아온다는 것을 모르고 있단다. 알겠느냐?"

"예, 주님. 제가 오늘 그런 일을 했으니까요. 제가 문제인 것을 다른 것 때문에 문제가 생겼다고 불평했으니까요. 참으로 어리석음을 고백합니다."

"이제는 알았으니 되었느니라. "

"귀복아!"

"예, 주님."

"왜 동산에는 오지 않는 것이냐? 그곳은 너의 믿음으로 오는 곳이란다. 나를 사랑하는 마음과 생각이 식어지면 멀어지는 것이란다."

"주님, 저는 주님을 사랑합니다. 나를 죄에서 구원해 주신 주님께 찬양을 드리겠습니다."

35 처음 사랑

"귀복아!"

"예, 주님."

"사람들은 말이다. 처음에는 나를 영접하고 은혜 받으며 감사함과 눈물로써 주님께 영광을 돌리고 기쁨으로 주를 찾지만, 갑자기 어느 날부터인가 '언제 내가 눈물로써 기도했었던가?' 하며, 그만 기도를 망각해 버린단다. 너도 그럴까 염려스럽구나."

"주님, 용서해 주세요. 이 죄인은 주님의 은혜가 없이는 한순간도 살아갈 수 없는 것을요."

"그래, 그래. 너는 나를 참 사랑하는구나."

"주님. 저는요, 주님이 정말 좋습니다. 누가 뭐라 해도 정말 주님이 포근하고 따뜻합니다. 주님은 나의 모든 것이 되십니다."

나의 사랑하는 주님!

주님의 향기는 너무나 향기롭습니다.

주님의 음성은 너무나 따스합니다.

주님의 모습은 너무나 멋있습니다.

주님의 말씀은 나의 심령까지 울려 퍼집니다.

주님의 위로는 나의 깊은 곳까지 스며듭니다.

주님의 그 숨결은 깃털과도 같습니다.

주님이 흘리신 사랑

주님의 품은 그냥 잠이 들고 싶습니다.
주님의 그 능력은 하늘 끝까지 닿습니다.
주님의 놀라운 지혜는 너무나 찬란합니다.

"귀복아!"
"예, 주님."
"너는 그렇게 나를 표현하는구나!"
"예, 주님. 제 머릿속 지식이 짧아서 다 표현하지 못합니다. 하나로 통일한다면 주님의 사랑은 위대하십니다."

동산에서 찬양에 맞추어 주님과 춤을 추었습니다. 다시 주님과 나는 의자에 앉았고 주님께서 말씀하셨습니다.
"영적인 것을 알아가는 것은 그리 쉬운 것이 아니란다. 말씀과 성령과 무릎으로 깨달아져야 되는 것이기 때문이란다. 나는 네가 이것을 잘 할 것이라 믿는다."
"주님, 도와주소서. 저는 잘 모릅니다. 그냥 주님 곁에만 있고 싶습니다."
"네가 이 일을 다 마치면, 나와 함께 영원히 있을 수 있는데 그것을 참아야겠지?"
"예, 주님. 참고 또 참고 인내할게요."

"주님은 너를 사랑한단다. 나는 네가 어서 능력을 받아서 모든 것이 갖추어졌으면 하지만 모든 것에는 순서가 있고 질서가 있느니라. 그러나 이제는 저 믿음의 나무가 싹이 나고 잎이 나오지 않니? 조금 있으면 꽃도 피고 열매도 맺게 되느니라. 나는 너를 내 곁에 두고 싶은 마음이다.

하지만 아버지가 말씀하신 것을 기억하라. 네가 그 일을 잘 감당한다면 반드시 너를 보상해주시겠다고 말씀하신 것처럼, 너에게 큰 상급이 있을 것이다. 알겠느냐?"

"예, 주님. 주님께 순종할게요. 믿음 주소서. 아멘.

나와 같은 고집불통을 부드럽게 만드신 주님. 저는 주님 앞에만 서면 너무나 부드러워집니다. 주님은 참으로 저를 빚으신 토기장이십니다."

[에스겔 36:25-26]
맑은 물을 너희에게 뿌려서 너희로 정결하게 하되 곧 너희 모든 더러운 것에서와 모든 우상숭배에서 너희를 정결하게 할 것이며 또 새 영을 너희 속에 두고 새 마음을 너희에게 주되 너희 육신에서 굳은 마음을 제거하고 부드러운 마음을 줄 것이며

"너의 얼굴이 맑아져서 아름답구나!"

"주님이 이렇게 만드셨어요. 주님의 보혈의 피가 저의 죄를 깨끗하게 씻겨주셔서 저를 이렇게 만드셨어요.

주님 감사드립니다. 아멘."

"작은 일에도 흔들림을 가져서는 안 되느니라. 그런 모습을 보이면 마귀는 더 공격하느니라. 침착하게 행동하는 것이 좋으니라."

36 고통받으신 주님

저는 갑자기 심장에 통증이 오기 시작했습니다. 한참 동안 숨을 쉴 수가 없을 정도로 답답하고 통증이 왔습니다. 저는 회개 기도를 하기 시작했습니다. 주님의 고난 주일을 맞이하여서 기도하고 있었지만, 저는 계속 회개 기도를 했습니다. 그때 저에게 다가오는 것은 주님의 가시관이었습니다. 가시관을 바라볼 때 나의 심장은 더욱더 아파지기 시작했습니다. 저는 혼자 작은 목소리로 '주님은 얼마나 아프셨을까?' 하고 말했습니다. 심장이 이렇게 아파 견딜 수가 없어서 나도 모르게 '주님, 치료해 주세요.' 하고 기도가 나오는데, '우리 주님은 얼마나 아프셨을까?'를 생각하니 뜨거운 눈물이 흐르기 시작했습니다.

[이사야 53:3-4]
그는 멸시를 받아 사람들에게 버림받았으며 간고를 많이 겪었으며
질고를 아는 자라 마치 사람들이 그에게서 얼굴을 가리는 것 같이
멸시를 당하였고 우리도 그를 귀히 여기지 아니하였도다 그는 실로
우리의 질고를 지고 우리의 슬픔을 당하였거늘 우리는 생각하기를 그는
징벌을 받아 하나님께 맞으며 고난을 당한다 하였노라

주님께서 말씀하셨습니다.
"사랑하는 내 딸 귀복아."

"예, 주님."

"나는 너무너무 아팠단다. 너는 너의 심장이 아프다고 나에게 치료해 달라고 기도하느냐? 나는 너를 위해, 나의 온 백성을 위해, 물과 피를 다 쏟았다는 사실을 아느냐? 정말 너무너무 소름 끼칠 정도로 고통스러웠으나 나는 그 모든 것을 다 참았다. 나는 너희들을 얻기 위해서 나의 모든 것을 다 버렸느니라.

그런데, 나의 백성들은 작은 문제 하나만 생겨도 그것을 인내하고 참고 견디기보다는 인간의 생각으로 인간의 방법으로 분주하게 움직이는구나. 그것은 세상 사람들이 하는 것이지. 나의 백성들은 먼저 자기를 점검하고 주님 앞에 나아가서 기도해야 하지 않겠니?"

"예, 주님."

"많은 사람이 나를 부르고 찾고 있는데 그 속에 진정 나를 간절히 원하는 사랑이 식어가고 있구나."

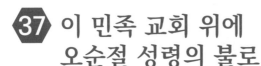 37 이 민족 교회 위에 오순절 성령의 불로

"귀복아!"

"예, 주님."

"나는 너의 주님이시다. 오순절 불같은 성령의 역사가 이 민족에 있는 교회 위에 일어나야 하느니라."

* 오순절 날이 이미 이르매 그들이 다 같이 한곳에 모였더니 홀연히 하늘로부터 급하고 강한 바람 같은 소리가 있어 그들이 앉은 온 집에 가득하며 마치 불의 혀처럼 갈라지는 것들이 그들에게 보여 각 사람 위에 하나씩 임하여 있더니 그들이 다 성령의 충만함을 받고 성령이 말하게 하심을 따라 다른 언어들로 말하기를 시작하니라

[사도행전 2:1-4]

"그래서 교회마다 나의 백성들에게 기도의 불이 붙어야 하느니라. 이 마지막 때, 나의 백성들이 힘을 얻고 살아갈 길은 성령 충만한 길이란다. 성령 충만함을 받기 위해서는 회개 운동이 필요한데, 나를 사랑하는 어느 종이 이 일을 감당할꼬?

너는 아느냐? 내가 누구를 생각하는지?"

"주님, 제가 어떻게 알겠어요?"

38 주님이 지명하신 종

“그는 내가 아끼는 종이란다. 항상 나를 실망시키지 않고 나의 뜻을 잘 헤아려서 일하는 종이니라. 그가 앞으로 세계를 움직일 것이다. 오직 나의 능력을 가지고 어디서나 나의 뜻을 전할 것이다. 알겠느냐?”

“예, 주님. 그분의 무엇이 그렇게 주님을 기쁘시게 하시나요?”

“그래. 그는 첫째, 정직하고 온유하며 또 사랑이 많고 사람들의 마음을 평온케 하면서, 나를 전적으로 신뢰하며 기도하느니라. 그로 말미암아 기도를 받는 자들은 힘과 용기를 얻게 되느니라.”

“사랑하는 딸 귀복아!”

“예, 주님.”

“내가 너에게 이 책을 쓰게 한 것은, 누구든지 내가 기뻐하는 자가 이 책을 읽을 때에 성령의 기름 부음이 그 마음에 감화 감동이 되어서 내가 이른 말인지 깨달을 것이다. 그 깨달음을 가진 자는 내가 이미 그를 ‘특별한 사명을 줄 자’라는 것을 깨달을 것이다.”

[고린도 후서 12:9-10]

나에게 이르시기를 내 은혜가 네게 족하도다 이는 내 능력이 약한 데서 온전하여짐이라 하신지라 그러므로 도리어 크게 기뻐함으로 나의 여러

약한 것들에 대하여 자랑하리니 이는 그리스도의 능력이 내게 머물게 하려 함이라 그러므로 내가 그리스도를 위하여 약한 것들과 능욕과 궁핍과 박해와 곤고를 기뻐하노니 이는 내가 약한 그 때에 강함이라

39 성령의 전신갑주

"사랑하는 귀복아!"

"예, 주님."

"나는 너의 주님이시다. 이 지구상에 많은 인구가 살고 있고, 기근과 지진으로 곳곳에 위험한 곳이 많이 있느니라.

그 반대로 평안하고 안정된 곳도 있느니라. 그러나 이 안정이 이제는 흔들릴 때가 왔느니라. 내가 갈 기약이 가까워져 올수록 나의 백성들은 더욱더 깨어서 성령의 전신갑주를 입고 강하게 주님을 맞을 준비를 해야 하기에, 어지러운 세상 것에 맞추어 살아가자면 갈팡질팡하게 되느니라."

[에베소서 6:10-12]

끝으로 너희가 주 안에서와 그 힘의 능력으로 강건하여지고 마귀의
간계를 능히 대적하기 위하여 하나님의 전신갑주를 입으라 우리의
씨름은 혈과 육을 상대하는 것이 아니요 통치자들과 권세들과 이 어둠의
세상 주관자들과 하늘에 있는 악의 영들을 상대함이라

"오직 주님만 바라보아야 하느니라. 사랑이 식어가고 무질서하여 하나님을 잊어버린 백성은 세상과 쾌락에 빠져 헤쳐 나올 줄을 모르고, 생활의 염려로 생각과 마음이 둔하여져서 무엇을 먼저 해야 할지 잃어버린 채 사는 자가 많아진단다.

나는 지금 사랑하는 나의 백성들이 더욱 힘을 내서 뜨거운 신앙생활을 했으면 좋겠구나! 교회마다 사랑으로 똘똘 뭉쳐서 마음이 하나가 되어 성령으로 기도에 힘쓰는 나의 백성들이 되었으면 좋겠구나!

　　나는 나의 백성을 하나라도 잃어버리고 싶지 않단다. 서로서로 손을 잡고 위로하고 사랑하고 함께 나아가는 교회가 어디 있을까?"

 ⑳ 주님이 머물고 싶은 마음이 든 교회

"두루두루 살펴보고 있느니라. 내가 그곳에서 머물고 싶은 마음이 드는 교회가 있느니라."

[요한계시록 3:11-13]
내가 속히 오리니 네가 가진 것을 굳게 잡아 아무도 네 면류관을 빼앗지 못하게 하라 이기는 자는 내 하나님 성전에 기둥이 되게 하리니 그가 결코 다시 나가지 아니하리라 내가 하나님의 이름과 하나님의 성 곧 하늘에서 내 하나님께로부터 내려오는 새 예루살렘의 이름과 나의 새 이름을 그이 위에 기록하리라 귀 있는 자는 성령이 교회들에게 하시는 말씀을 들을지어다

"그러나 아직 다는 아니니라. 그 교회는 항상 말씀을 경청하는 자세가 바르고, 나의 종이 언제든지 기도하여 나에게 모든 것을 하나하나 꼬치꼬치 다 물어보느니라. 나는 그런 자녀가 좋으니라.
무엇을 하든지 '주님, 이렇게 할까요?', '주님, 어떻게 하면 될까요?', '주님, 말씀하옵소서' 하고 묻는 자란다. 그러나 그렇게 묻는 자는 별로 없고, 이것도 저것도 주님 뜻이라고 자기 마음대로 해결하려고 하는 자가 많이 있단다. 그러나 내가 사랑하는 종이 있는 곳에, 나는 그곳에 머물

고 싶은 마음이 든단다. 앞으로 이 시대에 앞서가는 리더십을 가진 목자로 내가 그를 키울 것이고 모든 이들이 그를 볼 때, '아! 주님이 함께하신다.' 라고 말할 것이다. 교회 이름처럼 천국의 이슬과 같은 은혜를 입으며 생명수 강가에 큰 성으로 그를 이끌어 줄 것이다. 알겠느냐?"

"예, 주님. 저는 잘 모르겠지만, 주님의 계획하심과 섭리하심이 그 교회 위에 함께 하시기를 기도할게요. 저는 방송에서 설교를 듣고 은혜를 받았어요. 성령의 감동이 임하면서 주님이 사랑하시는 종인지 알았습니다. 우연히 걸어오다가 그곳에 멈추었는데, 기도하려고 들어가고 싶었지만 문이 잠겨 있었어요."

41 주님의 관심과 섭리가 있는 곳

"또 한 분이 있지요. 그분은 설교하시면서 눈물로써 외칩니다. 설교를 듣고 있을 때는요, 성령께서 감동을 주셔서 일할 수가 없어요. 어찌나 은혜가 임하는지요.

그분도 주님이 사랑하는 분이시지요?"

"그래, 내가 참 사랑하는 종이란다.

첫째는 그 자신이 겸손하고 '오직 어떻게 하면 내 양 떼에게 좋은 꼴을 먹일까?' 하면서 애쓰고 힘쓰는 나의 종이란다. 내가 그를 축복하지 않으면 누구를 축복하겠느냐?"

"귀복아!"

"예, 주님."

"내가 너에게 이 두 종을 말한 것은 나는 이들을 놀라운 반석으로 세우고 싶은데 자기 위치가 커지고 축복이 임하면 변하지 않을까? 나는 그것이 염려스럽다. 많은 종이 기도할 때 '교회를 크게 하고, 많은 양을 맡겨주면 더욱 열심히 하겠다' 라고 하면서, 축복이 오면 언제인지 모르게 '이기주의' 가 들어가 앉아서 '주님은 가만히 계세요. 제가 다 하겠습니다.' 하고 변해버린단다."

주님이 흘리신 사랑

[에베소서 4:30-32]

하나님의 성령을 근심하게 하지말라 그 안에서 너희가 구원의 날까지 인치심을 받았느니라 너희는 모든 악독과 노함과 분냄과 떠드는 것과 비방하는 것을 모든 악의와 함께 버리고 서로 친절하게 하며 불쌍히 여기며 서로 용서하기를 하나님이 그리스도 안에서 너희를 용서하심과 같이 하라

42 주님이 세우시는 교회

"내가 너무나 사랑하고 아끼는 이 두 종을 어떻게 해야 하겠느냐?"

"이분들은 다 병 고침을 주님께 받은 분들 같네요. 주님 께서 능력을 부어주셔서 이 마지막 때에 주님의 재림을 준비 하는 종들이 되었으면 합니다."

"그래, 너의 말이 맞다. 더욱더 강력한 은사를 부어주고 나는 이 두 종을 통해서 믿음이 없는 연약한 나의 백성들을 끌어모을 것이다. 너는 지켜보거라."

"예, 주님."

"귀복아! 나의 능력이 네게 임할 때는 네가 힘이 나서 계 속 글을 쓰고 있으나, 끝나면 힘이 빠지느니라. 그러기 때문 에 그때는 기도로 채워야 하느니라."

"예, 주님.

사랑하는 나의 주님, 나를 불쌍히 여겨 주시니 감사드립니 다. 나의 심장을 치료하시니 이제는 평안해졌습니다."

저는 주님으로부터 위암과 당뇨와 혈압을 고침 받고 두 번 째 책을 쓰는 중에 너무나 영적으로 육적으로 힘든 시간이 나 를 엄습해 왔습니다. 끊임없이 몸의 이곳저곳에 여러 가지 고 통스러움이 느껴졌지만, 제가 끝까지 책을 쓸 수 있도록 섭 리하시고 치료하시며 위로하시는 주님께 감사를 드립니다.

주님은 제가 기도할 때 '염려 말거라, 평안하거라, 너는 내가 주관하고 있느니라.' 하고 항상 말씀하십니다. 저에게 이러한 육신의 고통이 올 때마다 더욱더 주님은 회개하기를 원하시고 나의 심령 속에 실오라기만한 죄라도 다 꺼내서 주님께 고백하여 주님의 보혈의 피로 죄 씻음 받기를 원하십니다.

"주님, 저는 너무나 흉악한 죄인입니다. 저를 용서해 주세요."

43 인내를 해야 하느니라

"귀복아!"

"예, 주님."

"인내가 없이는 아무것도 이룰 수가 없고 일만 그르치느니라. 주님보다 앞서서 일하지 말고, 항상 먼저 주님께 기도하고 성령께서 행하실 수 있도록 인내하고 기다려야 하느니라. 그러기 위해서는 '얼마나 나의 말에 귀를 기울이냐'가 중요하단다."

"예, 주님."

"인간의 마음은 변덕스러운 날씨와도 같단다. 언제는 순종했다가 어느새 불순종하고, 또 언제는 주의 일을 했다가 어느새 못하겠다고 뒤로 물러설 때도 있단다."

"인간의 마음을 잘 아시는 주님, 저에게 인내하는 마음을 주소서. 인내를 온전히 이룰 수 있게 하옵소서."

[베드로 후서 1:10-11]
그러므로 형제들아 더욱 힘써 너희 부르심과 택하심을 굳게 하라 너희가 이것을 행한즉 언제든지 실족하지 아니하리라 이같이 하면 우리 주 곧 구주 예수 그리스도의 영원한 나라에 들어감을 넉넉히 너희에게 주시리라

"귀복아!"

"예, 주님."

"나는 오늘도 나의 고난을 생각하면서 기도하고 때로는 금식하며 기도하는 사람들과 나의 고난에 작은 부분이라도 함께 느끼어 보고자 하는 사람들, 이러한 나의 백성들을 볼 때 나는 기쁘단다. 그래도 나를 사랑하는 나의 백성이 나의 고난을 생각하면서 저렇게 마음을 비우고 나의 뜻을 조금이라도 헤아리고 싶은 마음에 인내하며 견디는 그 모습을 나는 기뻐하노라."

"귀복아!"

"예, 주님."

"나는 너의 주님이시다. 네가 몸에 고통스러운 것이 오는 것은 이 고난에 동참하기 위함이다. 그로 말미암아 진정으로 내가 말하고 있는 것을 책으로 기록하기 위함이다.

고통스러워도 그것을 인내하고 내가 말한 것을 써야 하느니라. 그것이 너의 사명이니라. 알겠느냐?"

"예, 주님. 그러나 저의 몸은 15kg이나 체중이 감소했습니다."

"귀복아!"

"예, 주님."

"내가 너를 택한 것은 내가 하고자 한 일을 너를 통해서 하려고 택하였다. 너는 죽지 않는다. 너의 주님이 너를 강하게 붙들고 있기 때문이다. 알겠느냐?"

"예, 주님."

44 교회들에게 말씀하신 주님

"귀복아!"

"예, 주님."

"나는 모든 교회에 말하고 싶은 것이 있다. 내가 너희를 위해서 십자가를 지고 모든 것을 다 이루어 놓았는데, 어찌 해서 교회는 '회개하라'고 외치지를 않느냐? 세례요한도 주님도 제자들도 다 '회개하라 천국이 가까이 왔느니라' 라고 외친 것을 성경에서 읽지 못했느냐?

회개는 곧 능력이고 죄 사함을 받을 수 있는 보혈이 흘러 내리는 통로인 것을, 그것을 외치지 않고 있구나. 그저 사람 에게 맞추어서 이 세상에서의 복 받는 것들만 말하고 부드러 운 말로만 하는구나. 성경에 '부드러운 옷 입은 자들은 왕 궁에 있다'라고 주님이 말씀하지 않았느냐?"

* 요한이 보낸 자가 떠난 후에 예수께서 무리에게 요한에 대하여 말씀하 시되 너희가 무엇을 보려고 광야에 나갔더냐 바람에 흔들리는 갈대냐 그 러면 너희가 무엇을 보려고 나갔더냐 부드러운 옷 입은 사람이냐 보라 화 려한 옷을 입고 사치하게 지내는 자는 왕궁에 있느니라 그러면 너희가 무 엇을 보려고 나갔더냐 선지자냐 옳다 내가 너희에게 이르노니 선지자보 다도 훌륭한 자니라 [누가복음 7:24-26]

"귀복아!"

"예, 주님."

"이렇게 성경에 '회개하라'고 외치고 있는데 어찌해서 '회개하라'고 말을 안 하는 것이냐? 회개해야 천국에 이를 수 있다는 것이 무엇을 말하고 있느냐? 지금은 다 지나간 것을 하지 말고 앞으로 다가오는 것을 말을 해 줄 때이다. 나는 답답하구나. 이 얼마 남지 않은 시간에 얼마나 나의 백성들을 깨워야 할지 답답하구나. 진정 회개를 외치는 자를 보기가 어렵구나. 무슨 이상한 비유나 자기 나름대로 지식을 갖다 붙여서 자기 멋대로 말하고, 그것을 또 '실천하라'고 하니 성령이 역사하지 않는데 그것이 온전히 이루어지겠느냐? 자기도 이해하지 못한 것을 복음이라고 양들에게 적용시키려고 하는 목자들도 있단다.

귀복아! 나는 너의 주님이시다."

"주님, 제가 이렇게까지 글을 써야 하나요?
제가 글을 쓰는 일도 주님이 하시겠지만……
교회와 목자를 말씀하신 것 같습니다."

"그래 맞다. 교회와 목자에게 하는 말이다. 귀 있는 자들은 들을 것이고, 교만한 자는 무시하고 스쳐 지나갈 것이다. 너는 내가 쓰라고 한 대로 쓰면 되느니라.

사람을 생각하지 말거라. 사람을 생각하면 올무에 걸리게 되느니라. 오직 나의 사명만 생각하거라.

주님이 말씀하신 것만 생각하거라."
"예, 주님."

2016.3.23 10시 15분 기도 중에 다시 방문한 천국.

저는 기도를 하는 중에 심장에 심하게 압박이 왔습니다. 그래서 회개 기도를 하기 시작했고, 성령의 기름 부음이 임했습니다. 공중에는 이미 천사가 구름 뒤에서 저를 기다리고 있었습니다. 저는 천사와 함께 날아서 천국에 도착했습니다.

예전에 천국 방문과는 너무 많이 달라졌습니다. 천사가 생명수 강가에서 나의 머리에 물을 흠뻑 붓고 나를 안내합니다. 예복을 입는 방으로 안내를 받고 갔을 때 그곳에 문이 열리자 눈부신 빛과 함께 너무나 깜짝 놀랐습니다. 그곳에는 지금까지 제가 입었던 예복들이 유리 벽 안에 찬란한 색을 뽐내면서 진열이 되어 있었습니다. 저는 너무나 감격스러웠습니다. 이 옷들은 또한 이 책에 기록한 옷들입니다. 곧 주님의 능력이기도 합니다.

계속 제 입에서는 방언으로 기도를 하고 있었습니다. 그다음 저를 안내하는 천사를 계속 따라가 보니 흰 눈꽃송이 같은 희고 깨끗한 예복이 준비되어 있었습니다. 예전에는 주님이 항상 함께 다니셨는데 이번에는 천사가 안내를 했습니다.

45 하나님 아버지가 계신 곳

저는 그 흰 눈꽃송이 같은 드레스를 입고 천사의 안내로 커다란 궁전 같은 곳으로 들어갔습니다. 예전에는 그곳에 갔을 때 너무 떨려서 잘 볼 수가 없었는데, 이번에는 눈물만 뚝뚝 떨어지는 것이었습니다. 그곳은 하나님 아버지가 좌정하시고 계신 곳이었습니다.

저는 방언으로 기도했습니다.
"하나님 아버지! 저를 사랑해 주셔서 감사드립니다."

그곳에서 저는 경배를 드렸습니다. 그곳은 너무나 선명하게 다 볼 수가 있었습니다. 저는 하나님 아버지께 경배를 드렸습니다. 이 옷을 준비해 두셨다고 하시면서 "내가 너를 사랑한다. 내가 너를 사랑한다." 하시며, 커다란 손이 내 얼굴에 흐르는 눈물을 닦아 주셨습니다.

* 또 천사가 내게 말하되 네가 본 바 음녀가 앉아 있는 물은 백성과 무리와 열국과 방언들이니라 네가 본 바 이 열 뿔과 짐승은 음녀를 미워하여 망하게 하고 벌거벗게 하고 그의 살을 먹고 불로 아주 사르리라 이는 하나님이 자기 뜻대로 할 마음을 그들에게 주사 한 뜻을 이루게 하시고 그들의 나라를 그 짐승에게 주게 하시되 하나님의 말씀이 응하기까지 하심

이라 [요한계시록 17:15-17]

　저는 그곳에서 찬양에 맞추어 춤을 추기 시작했는데 갑자기 천국에 음악이 넘쳐 났습니다. 그때 하나님 아버지께서는 크게 웃으셨습니다. 제 육신의 심장은 너무 평안해졌고 치료함을 입었습니다.

　저는 그곳을 다시 나왔고, 주님께 가서 경배를 드려야 한다는 생각을 하면서 두리번거렸습니다.
　천사는 저를 동산으로 안내해 주었습니다.

46 동산에 계신 주님

생명수의 강물이 넘실넘실 춤을 추는 것처럼, 해가 없어도 그렇게 환한 빛으로 비추어진 동산에서, 저는 주님이 어디에 계시는지 찾고 있었습니다. 주님은 동산에서 거닐고 계셨습니다. 저는 주님께 먼저 경배를 드리고 동산의 의자에 앉았습니다.

주님께서 말씀하셨습니다.
"오늘 네가 심장이 고통스러워해서 천사를 시켜서 너를 이곳으로 데리고 왔노라. 하나님 아버지께 경배를 올려 드렸느냐?"
"예, 주님."
"기뻐하시더냐?"
"예, 주님."
주님은 말없이 저를 안아주시고,
"내가 너를 사랑한다. 오늘 내가 너를 부른 것은 너에게 줄 것이 있어서 불렀노라."

주님께서 손으로 소리를 내시니 천사들이 줄을 지어서 무엇을 가지고 오고 있었습니다. 처음에는 이마에 붙이는 것이었고, 두 번째는 양쪽 팔에 끼는 것이었고, 세 번째는 목에 거는 것이었습니다. 그다음은 금 면류관이었습니다. 이것은 주님을 부를 때 '주님의 능력이 역사하는 것'이라고 하셨습니다.

주님은 나에게 무릎을 꿇으라고 하시면서 "성부와 성자와 성령의 이름으로 능력이 임할지어다."라고 기도하셨습니다. 그다음 나는 주님과 함께 동산에서 찬양에 맞추어 춤을 추기 시작했습니다. 주님은 갑자기 발을 빨리 움직이는 춤을 추시는 것이었습니다. 나는 웃음이 나왔습니다. 그때, 주님은 "너는 이런 춤을 모르느냐?"라고 말씀하셨습니다.

"예, 주님. TV에서 본 것 같습니다."

"하나님 아버지 앞에서 춤을 추자꾸나!"

 찬양 중에 임재하시는
하나님 아버지

저는 주님과 함께 춤을 추기 시작했습니다.

그때 주님의 모습은 금빛 찬란한 면류관과 옷으로 바뀌었
고 나도 금빛 면류관과 옷으로 바뀌어서 춤을 추고 있었습니
다. 그곳은 수많은 찬양대와 천사들과 사람들이 춤을 춥니
다. 한참 춤을 추고 있는데, 갑자기 하나님 아버지의 얼굴의
형체만이 동산 하늘에 나타나 크게 웃으시면서 가셨습니다.

48 천국에 강 좌우로 주님과 함께

주님은 저의 손을 잡고 가자고 하시면서 저에게 안수하셨습니다.

* 또 그가 수정같이 맑은 생명수의 강을 내게 보이니 하나님과 및 어린 양의 보좌로부터 나와서 길 가운데로 흐르더라 강 좌우에 생명나무가 있어 열두 가지 열매를 맺되 달마다 그 열매를 맺고 그 나무 잎사귀들은 만국을 치료하기 위하여 있더라 다시 저주가 없으며 하나님과 그 어린 양의 보좌가 그 가운데에 있으리니 그의 종들이 그를 섬기며 그의 얼굴을 볼 터이요 그의 이름도 그들의 이마에 있으리라 다시 밤이 없겠고 등불과 햇빛이 쓸데없으니 이는 주 하나님이 그들에게 비치심이라 그들이 세세토록 왕 노릇 하리로다 [요한계시록 22:1-5]

모든 것이 밝게 보일 수 있도록 주님과 저는 날기 시작했습니다. 길을 따라 강 좌우에 강줄기를 따라 계속 날아가는데, 양옆으로 키가 큰 나무들이 줄지어 있었습니다.

저는 "그것이 무엇입니까?"하고 주님께 여쭈어보았습니다. 주님께서 그곳에 잠시 멈추어서 자세히 보라고 하셔서 보았더니, 커다란 과일 같은 열매가 익어가는 것이었습니다. 무슨 맛일까 하고 생각할 때 주님이 "하나 따줄까?" 하고 말씀하셨고 과일을 따려고 하자 나무가 더 높게 올라가는 것이었습니다. 주님께서 한 개 따서 먹어보라고 하셔서 먹어보았습니다. 약간 새콤함과 달콤한 향기가 있고 맛이 나는 열매였습니다. 그때 주님께서 말씀하셨습니다.

"이 과일은 함부로 따먹을 수 없는 것이란다." 말씀하시고 다시 강 좌우로 날아갔습니다. 그곳은 강 속에 물고기가 가득 있었습니다. 주님께서 움직이시자 물고기들이 위로 다 올라오는 것이었습니다.

다시 주님과 함께 동산으로 왔습니다. 동산 중앙에는 믿음의 나무 한 그루가 있었습니다. 믿음의 나무 앞에 있는데, 나무가 꽃잎을 던지면서 '기쁨, 기쁨' 하고 말하는 것이었습니다.

저는 생각했습니다. '아! 기쁨을 누리지 못하면 이 믿음의 나무의 열매를 맺지 못한다는 것'을 깨닫게 되었습니다. 나무는 자라서 잎사귀와 파란 열매가 맺혀 있었습니다.

주님께서 "또 오게 될 것이다."라고 하셨고 저는 주님과 작별인사를 했습니다. 천사가 공중에서 내려다 주었습니다.
주님께 감사드립니다.

49 나의 보혈의 옷을 입으라

오늘은 3월 25일 주님께서 마지막 고난을 당하신 고난 주간입니다.

주님께서 말씀하셨습니다.

"나는 오늘 나의 온 육신과 영혼이 심히 고통스러웠고 신음하면서 나의 백성들의 죄를 감당하기 위해 모든 것을 다 견디고 모든 것을 다 쏟으며 모든 것을 다 주었다.

나의 신음소리에 천지가 몰려오고 온 백성의 죄와 질병이 나의 피로 씻겨지는 순간 나는 외쳤다."

* 제육시가 되매 온 땅에 어둠이 임하여 제구시까지 계속하더니 제구시에 예수께서 크게 소리 지르시되 엘리 엘리 라마 사박다니 하시니 이를 번역하면 나의 하나님, 나의 하나님 어찌하여 나를 버리셨나이까 하는 뜻이라 곁에 섰던 자 중 어떤 이들이 듣고 이르되 보라 엘리야를 부른다 하고 한 사람이 달려가서 해면에 신 포도주를 적시어 갈대에 꿰어 마시게 하고 이르되 가만 두라 엘리야가 와서 그를 내려 주나 보자 하더라 예수께서 큰 소리를 지르시고 숨지시니라 [마가복음 15:33-37]

"그래서 나는 다 이루었노라!"

* 이에 성소 휘장이 위로부터 아래까지 찢어져 둘이 되니라
[마가복음 15:38]

"이제는 아버지 앞에 나의 피를 의지하고 담대히 들어가서 기도하고 나의 보혈의 피로 죄 사함을 받고 영생에 이를 수 있는 복을 허락했는데, 믿음이 연약한 나의 백성들은 그것도 할 줄 모르고 살아가고 있구나."

"주님, 정말 이 죄인을 용서해 주세요. 제가 그렇게 살아온 죄인입니다. 반복적인 죄로 인해서 심령이 무뎌져서 어떻게 해야 할지 모르는 사람이 많이 있어요.

저도 그렇게 세월이 흘러가는 대로 여전히 신앙생활 열심히 한 것처럼 나 나름대로 기도하고 살아왔지만, 그것이 잘못된 것을 주님을 만나고서야 알았습니다.

주님께서 말씀해 주지 않으시면 아무것도 몰라요. 이제는 주님의 그 위대하신 보혈의 피를 의지할 수 있게 되어서 능력 있는 입술로 항상 고백하는 신앙을 갖게 하셔서 너무너무 감사드립니다.

보혈의 피! 보혈의 능력으로 저를 다시 살리신 주님,
찬양과 경배를 받으소서."

50 하나님 아버지의 그 사랑

"귀복아!"

"예, 주님."

"나는 너의 주님이시다. 빛나고 높은 보좌에 앉으신 이에게 경배를 올릴 때 어떠한 마음을 갖느냐?"

"예, 주님. 위엄하시고 정확하시고 감히 우러러볼 수도 없는 빛에 거하시고 창조의 근본이신 분이십니다. 또한, 섬세하시고 인자하시고 그 사랑이 한이 없으십니다."

"그래, 맞다. 나의 아버지는 그런 분이시니 그분이 곧 너의 아버지가 되었느니라. 그러니 얼마나 기쁜 일이냐? 내가 그렇게 십자가를 통해서 너희가 나의 아버지 또 너의 아버지께 나아갈 수 있게 했느니라. 이것을 믿느냐?"

"예, 주님 믿습니다."

"나에게는 짧은 시간이지만, 너희에게는 수많은 시간이 흘러갔구나. 그래서 나의 백성들이 기다리다 지쳐서 영적 졸음이 오려고 하는구나. 그러나 지금은 정신을 똑바로 차릴 때이니라. 이제는 내가 갈 기약이 이르렀으니 졸지 말고 깨어 있어야 하느니라.

앞서 말했듯이 많은 사람들에게 내가 말한 것을 그들은 스쳐 가는 바람처럼 지나쳐 버리는구나. 그러나 나는 너희에게 말한다. 깨어있어 자기의 수치를 가릴 옷을 입으라고. 바로 나의 보혈의 옷을 입으라고 말하는 것이다. 나의 보혈의 옷이 있어야만 바깥 어둠으로 쫓겨나지 않는단다. 예복을 입지 않은 자는 다 바깥 어둠으로 쫓겨나는 것이란다."

* 이 무익한 종을 바깥 어두운 데로 내쫓으라 거기서 슬피 울며 이를 갈리라 하니라 [마태복음 25:30]

　"또한, 나는 나의 백성에게 말하고 싶다. 지금 어서 돌이키라고. 너희가 즐기던 것, 너희가 애타게 갖고 싶은 것, 너희가 집착하는 것, 너희가 추구하는 세상 것들을 이제는 다 내려놓고 주를 위해 살라고 마지막 경고를 하고 싶구나. 이것들을 내려놓지 못한 자는 불탈 때 그 불꽃 가운데서는 구원을 받을 수가 없느니라."

51 주님의 보혈을 의지하는 삶

주님은 우리의 부르짖음에 외면하지 않으시고 지금도 주님은 당신을 부르는 사람들의 기도를 외면하지 않으십니다. 지금 어디에 있든지, 어느 처지에 있든지, 그곳에서 주님을 부르십시오. 주님은 매 순간 당신 곁에 계십니다.

* 맹인이 외쳐 이르되 다윗의 자손 예수여 나를 불쌍히 여기소서 하거늘 앞서가는 자들이 그를 꾸짖어 잠잠하라 하되 그가 더욱 크게 소리 질러 다윗의 자손이여 나를 불쌍히 여기소서 하는지라 예수께서 머물러 서서 명하여 데려오라 하셨더니 그가 가까이 오매 물어 이르시되 네게 무엇을 하여주기를 원하느냐 이르되 주여 보기를 원하나이다 예수께서 그에게 이르시되 보라 네 믿음이 너를 구원하였느니라 하시매 곧 보게 되어 하나님께 영광을 돌리며 예수를 따르니 백성이 다 이를 보고 하나님을 찬양하니라 [누가복음 18:38-43]

맹인이 주님을 부를 때 외면하지 않으시고 주님께서 말씀하십니다. "무엇을 하여주기를 원하느냐?" 라고 물으실 때 우리는 대답해야 합니다. 믿음으로 대답해야 합니다. '주여, 나의 죄를 용서하여 주소서' 먼저 죄의 문제를 해결하지 않고서는 다른 것을 말할 수가 없습니다.

주님의 보혈의 강은 오늘도 이 죄를 고백하는 자에게 흘러 넘칩니다. 또한, 주님은 우리의 무거운 고통에 멍에를 벗겨 주십니다. 이 세상에서 살아가는 갖가지 문제들과 우리를 가로막는 악한 세력들과 방해 요소들은 우리가 주님을 부를 때 천사를 통해서 주님의 명령으로 제거해주십니다.

지금 주님을 부르십시오. 우리가 살길은 오직 예수, 오직 회개, 오직 믿음뿐입니다.

52 새벽을 깨우시는 주님

　주님은 새벽에 기도하기를 원하십니다. 주님은 말씀하십니다. 일을 행하는 자는 새벽에 주님을 만나야 한다고 하십니다.

　저는 새벽을 깨우지 않고 잠깐 기도하곤 했습니다. 이제는 주님께서 새벽에 깨우십니다. 밤 12시가 넘으면 이제 새벽시간이 됩니다. 저는 먼저 새벽 3시에 하나님 아버지께 경배를 올립니다. 그다음 나의 죄를 위해서 보혈의 피를 흘리신 주님께 경배를 올립니다. 그다음은 나를 도우시고 역사하시고 인도하신 성령 하나님께 경배를 올립니다. 새벽에 기도를 흡족하게 해야 만이 그 날의 일을 이길 수 있다는 것입니다.

　주님께서 말씀하셨습니다.
　"귀복아!"
　"예, 주님."

　새벽에 기도를 마친 후 주님께 감사의 기도를 드렸습니다.

　"오늘도 나의 발걸음에 항상 함께하시는 주님, 감사드립니다. 거룩하시고 그 크신 주님께서 나와 같이 연약한 자에게까지 간섭해 주시고 섭리하심을 감격하지 않을 수가 없습니다. 오늘도 내 영혼이 주님을 우러러보나이다. 나의 경배를 받으실 주님, 영광 받으소서. 저 높고 높은 보좌에서 이 낮고 낮은 곳까지 오셔서 나의 죄를 우리의 죄를 친히 몸으로 감당하시고, 한량없는 은혜와 사랑을 몸소 가르쳐 주신 주님의 크신 사랑과 은혜에 감사를 드립니다."

* 이에 예수께서 무리를 떠나사 집에 들어가시니 제자들이 나아와 이르되 밭의 가라지의 비유를 우리에게 설명하여 주소서 대답하여 이르시되 좋은 씨를 뿌리는 이는 인자요 밭은 세상이요 좋은 씨는 천국의 아들들이요 가라지는 악한 자의 아들들이요 가라지를 뿌린 원수는 마귀요 추수 때는 세상 끝이요 추수꾼은 천사들이니 그런즉 가라지를 거두어 불에 사르는 것 같이 세상 끝에도 그러하리라 인자가 그 천사들을 보내리니 그들이 그 나라에서 모든 넘어지게 하는 것과 또 불법을 행하는 자들을 거두어 내어 풀무 불에 던져 넣으리니 거기서 울며 이를 갈게 되리라 그 때에 의인들은 자기 아버지 나라에서 해와 같이 빛나리라 귀 있는 자는 들으라 천국은 마치 밭에 감추인 보화와 같으니 사람이 이를 발견한 후 숨겨 두고 기뻐하며 돌아가서 자기의 소유를 다 팔아 그 밭을 사느니라 또 천국은 마치 좋은 진주를 구하는 장사와 같으니 극히 값진 진주 하나를 발견하매 가서 자기의 소유를 다 팔아 그 진주를 사느니라 또 천국은 마치 바다에 치고 각종 물고기를 모는 그물과 같으니 그물에 가득하매 물 가로 끌어 내고 앉아서 좋은 것은 그릇에 담고 못된 것은 내버리느니라 세상 끝에도 이러하리라 천사들이 와서 의인 중에서 악인을 갈라 내어 풀무 불에 던져 넣으리니 거기서 울며 이를 갈리라 이 모든 것을 깨달았느냐 하시니 대답하되 그러하오이다

[마태복음 13:36-51]

　천국의 비유로 말씀하십니다.
　영적으로 깨어나지 않으면 사탄이 영적으로 점령하게 된다
하시면서 말씀하셨습니다.

　"강한 자를 결박해야 그 세간을 늑탈할 수 있는 것처럼 그
집을 뚫지 못하게 해야 하느니라."

* 또 누구든지 말로 인자를 거역하면 사하심을 얻되 누구든지 말로
성령을 거역하면 이 세상과 오는 세상에서도 사하심을 얻지 못하리라
[마태복음 12:32]

 53 절기를 잘 지킬 것을 말씀하십니다

우리는 주일예배, 수요예배, 금요 철야예배, 새벽예배, 그리고 성탄절, 고난 주간, 부활절, 추수감사절을 소홀히 하지 말아야 합니다.

주님께서 말씀하셨습니다. 앞으로 철저하게 절기를 잘 지켜야 할 것을 말씀하셨습니다. 주님은 계속 눈물을 흘리십니다.

"주홍같이 이 붉은 나의 죄를 주님의 보혈의 피로 씻겨주소서. 주님."

"회칠한 무덤 같은 믿음이 되지 말고 진실한 믿음을 갖도록 하거라."

"예, 주님."

"귀복아!"

"예, 주님."

"마음이 깊어져야 하느니라. 입술은 무거워야 하느니라."

인간의 생각으로 행하는 것들이 얼마나 어리석은 것인지 깨닫게 하십니다. 주님은 그때서야 눈물을 멈추셨습니다.

주님께서 말씀하셨습니다.

"나를 기다리게 하지 말아다오."

"무엇이든지 주님께 먼저 여쭙고 주님께 묵상하면서 침묵을 지키지 못한 것을 회개합니다. 고난 주간인데 나의 일을 보느라 분주하게 지냈던 것을 회개합니다."

나는 침통해 하시는 주님을 보고 있었습니다.

"주님, 이 죄인을 용서하여 주소서. 이 죄인을 불쌍히 여겨 주소서."

하염없이 흐르는 주님의 눈물에 생명수의 강물도 출렁입니다. 소리 없이 흘러내리는 주님의 눈물이 나의 심령을 조여 옵니다. 하나님 아버지 앞에 절규하는 그 기도 소리!

"소리 없이 외치는 이 눈물! 이 눈물은 너와 나의 백성을 위해서 흐르는 눈물이란다."

54 사람을 피로 사서 하나님께 드리고

* 그들이 새 노래를 불러 이르되 두루마리를 가지시고 그 인봉을 떼기에 합당하시도다 일찍이 죽임을 당하사 각 족속과 방언과 백성과 나라 가운데에서 사람들을 피로 사서 하나님께 드리시고 그들로 우리 하나님 앞에서 나라와 제사장들을 삼으셨으니 그들이 땅에서 왕 노릇 하리로다 하더라 [요한계시록 5:9-10]

* 네 생물이 이르되 아멘 하고 장로들은 엎드려 경배하더라 [요한계시록 5:14]

  주님은 보혈의 피로 우리를 사서 하나님께 드리며, 첫 번째 책에서 언급한 것과 같이 주님은 저에게 모든 죄 씻음을 받는 과정을 거쳐서 하나님 아버지가 계신 성으로 데리고 가셨습니다. 그곳에서 주님과 함께 경배를 드릴 때 하나님 아버지께서 높으신 보좌 위에서 말씀하셨습니다.

  "과연 그 핏값으로 산 내 백성이로구나! 아름답도다!"
  오직 주님의 보혈의 피만이 저의 죄를 깨끗하게 하실 수 있고, 하나님 아버지의 보좌 앞에 설 수 있다는 것을 깨달을 수 있었습니다. 그 무엇으로도 어떠한 것으로도 깨끗하게 할 수 없고, 오직 '예수의 피' 밖에 없습니다.

* 우리가 그에게서 듣고 너희에게 전하는 소식은 이것이니 곧 하나님은 빛이시라 그에게는 어둠이 조금도 없으시다는 것이니라 만일 우리가 하나님과 사귐이 있다 하고 어둠에 행하면 거짓말을 하고 진리를 행하지 아니함이거니와 그가 빛 가운데 계신 것 같이 우리도 빛 가운데 행하면 우리가 서로 사귐이 있고 그 아들 예수의 피가 우리를 모든 죄에서 깨끗하게 하실 것이요 만일 우리가 죄가 없다고 말하면 스스로 속이고 또 진리가 우리 속에 있지 아니할 것이요 만일 우리가 우리 죄를 자백하면 그는 미쁘시고 의로우사 우리 죄를 사하시며 우리를 모든 불의에서 깨끗하게 하실 것이요 만일 우리가 범죄하지 아니하였다 하면 하나님을 거짓말하는 이로 만드는 것이니 또한 그의 말씀이 우리 속에 있지 아니하니라 [요한1서 1:5-10]

그렇습니다. 하나님 앞에 나아가는 것도 '예수의 피'가 있어야 합니다. 이 모든 것을 우리는 믿음으로 받아들여야 합니다. 오직 믿음 만으로만 성령이 임하실 수 있고, 그것을 받아들이면 성령의 역사가 일어나는 것입니다.

그런데, 오늘날에는 주님의 능력이 있는 보혈을 의지하지 않고 잘 모르는 사람이 많습니다. 어떻게 적용을 해야 하는지도 잘 모릅니다. 그것은 성경과 기도를 통해서 성령으로 깨달아져야 합니다. 나의 입으로 주님의 보혈을 시인하고 선포해야 합니다.

55 하나님 아버지 앞에 날마다 나아갈 수 있는 믿음

* 또 예수께서 제사장이 되신 것은 맹세 없이 된 것이 아니니 (그들은 맹세 없이 제사장이 되었으되 오직 예수는 자기에게 말씀하신 이로 말미암아 맹세로 되신 것이라 주께서 맹세하시고 뉘우치지 아니하시리니 네가 영원히 제사장이라 하셨도다) 이와 같이 예수는 더 좋은 언약의 보증이 되셨느니라 제사장 된 그들의 수효가 많은 것은 죽음으로 말미암아 항상 있지 못함이로되 예수는 영원히 계시므로 그 제사장 직분도 갈리지 아니하느니라 그러므로 자기를 힘입어 하나님께 나아가는 자들을 온전히 구원하실 수 있으니 이는 그가 항상 살아 계셔서 그들을 위하여 간구하심이라 이러한 대제사장은 우리에게 합당하니 거룩하고 악이 없고 더러움이 없고 죄인에게서 떠나 계시고 하늘보다 높이 되신 이라 그는 저 대제사장들이 먼저 자기 죄를 위하고 다음에 백성의 죄를 위하여 날마다 제사 드리는 것과 같이 할 필요가 없으니 이는 그가 단번에 자기를 드려 이루셨음이라 율법은 약점을 가진 사람들을 제사장으로 세웠거니와 율법 후에 하신 맹세의 말씀은 영원히 온전하게 되신 아들을 세우셨느니라 [히브리서 7:20-28]

　주님께서 우리를 위해 단번에 제사를 드리심으로 우리는 주님을 의지하여 하나님 앞에 날마다 나아갈 수 있게 되었습니다. 그 크신 사랑과 은혜를 베풀어 주신 주님께 깊은 감사와 찬양을 올립니다.

* 하나님께서 허락하시면 우리가 이것을 하리라 한 번 빛을 받고 하늘의 은사를 맛보고 성령에 참여한 바 되고 하나님의 선한 말씀과 내세의 능력을 맛보고도 타락한 자들은 다시 새롭게 하여 회개하게 할 수 없나니 이는 그들이 하나님의 아들을 다시 십자가에 못 박아 드러내 놓고 욕되게 함이라 [히브리서 6:3-6]

하나님의 살아계심을 체험하게 된 사람이 다시 죄를 범한다면, 그것은 용서받기 정말 어렵습니다. 특히, 우리가 이 시대를 살아가면서 물결치듯 밀려오는 세상적인 삶들이 하나님의 말씀을 바로 세우지 못하게끔 끊임없이 우리를 유혹하며 달려드는데 그것을 이기지 못한다면 결코 승리도 있을 수가 없는 것입니다. 이런 죄악된 세상에서는 늘 자기를 점검하고 은혜의 성령이 소멸되는 일이 없는지 점검하면서 스스로 믿음을 굳게 지켜야 합니다.

성령님께서는 사람의 마음을 감동시키셔서 죄를 깨닫게 하시고 회개하도록 하십니다. 따라서 성령을 훼방하는 것은 성령의 권능이 나타나는 예수님의 인격과 사역을 거부하고 회개할 기회가 주어져도 회개하지 않는 것을 말합니다. 이러한 죄는 용서받지 못한다는 것입니다.

예수님을 대적하는 자들은 각각 여러 모양으로 나타납니

다. 오늘날도 우리가 예수님을 대적하고 있지는 않은지요? 말로는 '예수님을 사랑합니다.' 하면서 나의 방식과 고집대로 삶을 이끌어 가려고 하는 그 모습은 주님을 외롭게 합니다. 주님을 기쁘시게 해 드려야 하는데 주님을 기다리게 하는 것은 곧 불순종함을 나타내는 것입니다. 주님은 한결같이 기도하는 시간에 늘 우리를 기다리고 계십니다. 그래서 사랑하는 나의 백성이 무엇을 기도하는가? 듣기를 원하십니다. 또 관심을 갖고 함께 대화하기를 원하십니다. 이러한 주님의 음성을 들을 수 있는 마음의 문이 열리시기를 바랍니다.

56 인간의 생각으로 행한 일들

인간의 생각으로 행한 일들이 얼마나 여러 사람을 괴롭게 하는지 모릅니다. 자기를 나타내려고 하는 사람, 자기 것이 옳다고 주장하는 사람, 불필요한 것들을 말하면서 일을 확대시키는 사람들입니다. 한 사람의 잘못된 판단이 얼마나 여러 사람에게 영향력을 끼치는지 모릅니다.

"주가 너의 대장 되시니 오직 앞만 향해 전진하거라. 사명을 가지고도 뒤를 돌아보는 자는 내게 합당치 아니하고 인간의 나약한 생각으로 나의 일을 그치는 자도 내게 합당치 아니하느니라. 솔로몬의 그 많은 영광이 이 꽃 하나만도 못하다고 성경에 기록된 것처럼, 아무리 많은 일을 한다 할지라도 나의 말에 귀를 기울이지 않은 자는 작은 일을 진실하게 하는 자보다 못하느니라.

길가에 피어있는 꽃들도 제각각 자기의 향기를 뿜어내는데 나의 사랑하는 자가 나의 향기를 낼 수 없다면 그것을 어디에다 쓰겠느냐? 향기가 없는 꽃은 사람들의 관심도 없어지는 것이거늘, 나를 사랑하는 자는 나의 향기를 내겠고 나는 그와 더불어 아버지께 영광을 돌리는 것이란다. 아버지가 기뻐하시면 내가 기쁘고, 내가 기쁘면 너희에게 은혜가 임하느니라. 알겠느냐?”

　“예, 주님.”

　때와 시기를 분별하지 못하고 분주하게 일을 만드는 사람
은 다른 사람을 괴롭게 하는 사람입니다. 이런 사람은 기도를
많이 해야 합니다. 주님의 지혜가 필요한 사람입니다.

57 나는 기다리는 것이 싫다

"앞으로 해야 할 일들이 많은데, 더 주님께 가까이 가야 하는데, 어정쩡하게 내게 오려고 하는 너의 태도가 나는 싫다. 알겠느냐?"

"죄송합니다. 주님, 저를 용서해 주세요. 주님 앞에 더욱 노력할게요. 열심히 할게요. 도와주세요. 믿음을 주세요."

"캄캄한 곳에서 너 혼자 무엇을 할 수 있겠느냐?

나의 빛이 비추어질 때 너도 밝아지느니라.

내가 너에게 생명의 빛을 비추고 있느니라.

이 빛을 받아서 나의 일을 하기에 합당한 그릇이 되어야 하지 않겠느냐?"

"예, 주님."

"지나간 시간은 이미 다 지나가 버렸으니 지금이라도 나에게 영광을 돌려야 되지 않겠니? 기회는 항상 있는 것이 아니란다. 모든 것은 다 때가 있고, 그 때에 맞는 일을 하는 것이 얼마나 복 있는 일인지 모른단다."

* 하나님이 인생들에게 노고를 주사 애쓰게 하신 것을 내가 보았노라 하나님이 모든 것을 지으시되 때를 따라 아름답게 하셨고 또 사람들에게는 영원을 사모하는 마음을 주셨느니라 그러나 하나님이 하시는 일의 시종을 사람으로 측량할 수 없게 하셨도다 사람들이 사는 동안에 기뻐하

주님이 흘리신 사랑

며 선을 행하는 것보다 더 나은 것이 없는 줄을 내가 알았고 사람마다 먹고 마시는 것과 수고함으로 낙을 누리는 그것이 하나님의 선물인 줄도 또한 알았도다 하나님께서 행하시는 모든 것은 영원히 있을 것이라 그 위에 더 할 수도 없고 그것에서 덜 할 수도 없나니 하나님이 이같이 행하심은 사람들이 그의 앞에서 경외하게 하려 하심인 줄을 내가 알았도다 [전도서 3:10-14]

"무엇보다도 열심을 내라. 회개하라. 성령의 전신갑주를 입고 앞으로 나아갈지어다."
"아멘."

58 저 하늘과 같고 저 바다와 같은 주님의 사랑

"주님, 주님의 고난 주간에 주님은 십자가 위에서 물과 피를 쏟으시고 돌아가셨는데 저는 이렇게 육신의 생활로 분주하게 살아가고 있습니다. 용서해 주세요."

"이것은 처음 이룬 것이 아니라 이미 이루어 놓은 것이다."

"주님, 저는 주님께서 아무 말씀 안 하시면 두렵고 떨립니다. 항상 두렵고 떨림이 있나이다. 또한, 그로 말미암아 깨어 기도할 수 있게 하시니 감사드립니다."

"사랑하는 내 딸아."

"예, 주님."

"나는 인간이 아니고 나는 인생이 아니란다. 나는 너를 항상 사랑하고 지켜보고 너를 바라보고 있느니라. 그러니 작은 인간의 생각으로 나를 생각하지 말고 저 하늘과 같이 저 바다와 같이, 넓고 넓은 주님의 사랑으로 생각해서 네 마음의 문을, 사랑의 문을 넓히라.

내가 너의 이름을 부를 때에든지 부르지 않을 때에든지 항상 네 곁에 네 속에 성령으로 역사하고 있다는 것을 생각하거라. 네가 믿음의 고백을 할 때는 내가 네게 반드시 응답할

것이고 너의 부족한 부분들은 내가 다 채워줄 것이다. 말씀
위에 서라."

주님께서 기도하셨습니다.

"말씀의 기름 부음이 충만할지어다.

성령의 지혜와 계시의 영이 충만할지어다.

성 삼위일체 하나님의 그 자비하심과 인자하심이 충만하
게 임할지어다"

"아멘."

59 주님은 얼마나 아프셨나요?

"귀복아!"

"예, 주님."

"나는 너의 주님이시다. 너는 나의 말을 듣지 않으면 무엇을 해야 할지를 모르는구나.

나는 너의 주님이시다. 내가 너를 사랑하노라."

"주님, 사랑합니다. 주님은 얼마나 아프셨나요?"

"그래, 나는 많이 아팠단다.

그러나 나는 너를 위해, 나의 온 백성을 위해, 끝까지 묵묵히 나의 아버지의 뜻을 다 이루어 드렸느니라.

그래서 너를 이렇게 사랑할 수 있게 되었잖니? 실로 놀라운 일이건만, 사람들은 어찌 놀라지도 않고 아무런 감격이 없구나. 꼭 그날이 와 봐야만 알 수 있는 것은 아닌데 너무나 안타깝구나."

"귀복아!"

"예, 주님."

"나는 너를 사랑한다."

"예, 주님. 사랑합니다."

"그래. 네가 나를 사랑하는지 이제 좀 알겠구나!

그러나 아직 더 깊은 기도를 해야 하느니라. 그러려면 기도

시간이 더 많아져야 하는데, 방해 요소들이 있구나.”

“귀복아!”

“예, 주님.”

“나는 너를 사랑한다.”

“주님, 나 같은 죄인을 이처럼 사랑해 주셔서 감사드립니다.”

* 그러므로 누구든지 나의 이 말을 듣고 행하는 자는 그 집을 반석 위에 지은 지혜로운 사람 같으리니 [마태복음 7:24]

“반석 위에 집을 짓는 지혜로운 사람처럼 되어야지. 모래 위에 집을 짓는 자가 되어서는 안 되느니라.”

“예, 주님.”

60 에스겔 골짜기의 마른 뼈의 환상

* 여호와께서 권능으로 내게 임재하시고 그의 영으로 나를 데리고 가서 골짜기 가운데 두셨는데 거기 뼈가 가득하더라 나를 그 뼈 사방으로 지나가게 하시기로 본즉 그 골짜기 지면에 뼈가 심히 많고 아주 말랐더라 그가 내게 이르시되 인자야 이 뼈들이 능히 살 수 있겠느냐 하시기로 내가 대답하되 주 여호와여 주께서 아시나이다 또 내게 이르시되 너는 이 모든 뼈에게 대언하여 이르기를 너희 마른 뼈들아 여호와의 말씀을 들을지어다 주 여호와께서 이 뼈들에게 이같이 말씀하시기를 내가 생기를 너희에게 들어가게 하리니 너희가 살아나리라 너희 위에 힘줄을 두고 살을 입히고 가죽으로 덮고 너희 속에 생기를 넣으리니 너희가 살아나리라 또 내가 여호와인 줄 너희가 알리라 하셨다 하라 [에스겔 37:1-6]

　　하나님과의 관계가 단절된 자는 겉으로 보기에 아무리 멀쩡해 보여도 실상은 죽은 자들입니다. 그러나 성도는 그 어떤 상황에서도 하나님과 교제하는 삶을 누리게 됨으로써 결국 영원한 삶을 얻게 되는 것입니다.

* 예수께 이르러서는 이미 죽으신 것을 보고 다리를 꺾지 아니하고 그중 한 군인이 창으로 옆구리를 찌르니 곧 피와 물이 나오더라
[요한복음 19:33-34]

주님께서 환상 가운데 나타나 말씀하셨습니다.

"이 십자가는 폼으로 걸어 놓은 것이 아니다." 하시면서 회개시키는 교회와 성도들과 임직자들을 주님은 앞으로 나와 앉게 하셨습니다.

그때, 십자가에서 스파크가 일어났습니다. 주님은 마지막 때에, 이 죽은 뼈들에게 일어날 일들을 말씀하시면서 많은 사람이 이 뼈들처럼 생명을 얻을 것을 말씀하셨습니다. 주님의 명령으로 생기가 들어가고 살아 움직이는 성령의 인도하심에 따라 주님의 생명을 받은 백성들이 많이 일어날 것을 말씀하고 계셨습니다. 좀 더 주님 앞에, 더 가까이 나아갈 수 있는 우리 모두가 되었으면 합니다.

천국의 동산에는 믿음의 나무가 있습니다.

낙엽은 믿음, 꽃잎은 인내, 나무통은 기쁨, 열매는 복숭아와 비슷합니다. 그리고 잎사귀가 있습니다. 나무뿌리는 생명수 강물에 뻗어 있습니다.

* 내 형제들아 너희가 여러 가지 시험을 당하거든 온전히 기쁘게 여기라 이는 너희 믿음의 시련이 인내를 만들어 내는 줄 너희가 앎이라 인내를 온전히 이루라 이는 너희로 온전하고 구비하여 조금도 부족함이 없게 하려 함이라 [야고보서 1:2-4]

제가 지금까지 기도한 모든 사람이 그 나무 위에 앉아 있다고 하셨습니다. 아직 오르지 못한 사람들은 밑에 줄을 서

148

있었습니다. 저는 지금도 낙심이 오려고 할 때, 그 환한 영혼들의 미소를 생각합니다.

* 그러므로 너희가 더욱 힘써 너희 믿음에 덕을, 덕에 지식을, 지식에 절제를, 절제에 인내를, 인내에 경건을, 경건에 형제 우애를, 형제 우애에 사랑을 더하라 이런 것이 너희에게 있어 흡족한즉 너희로 우리 주 예수 그리스도를 알기에 게으르지 않고 열매 없는 자가 되지 않게 하려니와 이런 것이 없는 자는 맹인이라 멀리 보지 못하고 그의 옛 죄가 깨끗하게 된 것을 잊었느니라 [베드로 후서 1:5-9]

* 여호와의 관유가 너희에게 있은즉 너희는 회막 문에 나가지 말라 그리하면 죽음을 면하리라 그들이 모세의 말대로 하니라 [레위기 10:7] (여호와의 관유=여호와의 기름 부음을 받은 자들)

* 이에 사무엘이 기름병을 가져다가 사울의 머리에 붓고 입 맞추며 이르되 여호와께서 네게 기름을 부으사 그의 기업의 지도자로 삼지 아니하셨느냐 [사무엘상 10:1] (신적 소명 받음을 의미한다.)

61 부활 주일

"귀복아!"

"예, 주님."

"이 책의 책장을 넘길 때마다 이 글을 읽는 자에게 주님의 보혈의 능력이 임할 것이다. 그러니 어떻게 기록해야 하겠느냐? 너는 너의 온 마음과 뜻을 다하여 나의 말한 것을 기록하기 위해서 기도를 많이 해야 하느니라. 알겠느냐?"

"예, 주님."

삶 속의 분주함은 저를 더욱 고단하게 합니다. 주님은 작은 부분이라도 바로 해결할 것을 말씀하십니다.

"너는 너의 가족에게 단호하게 말하거라. 통증이 오는 것은 내가 너를 깨닫게 하기 위함이니라. 우선순위는 주님이 되어야 하느니라."

첫째도 둘째도 우리의 우선순위는 주님이 되셔야 합니다. 먼저 주님을 생각해야 합니다.

주님께서 말씀하셨습니다.

"네가 지금 사람을 의식하느냐? 하루에 몇 시간을 기도해야 할 네가 이렇게 한가하게 있느냐? 이것이 작은 일이냐? 너는 네 머리를 믿지 말고 기도해서 성령의 인도함을 받아서 기록하거라. 기도하지 않는다면 아무 생각도 없느니라. 너는 지금 걸어갈 수 있는 단계의 훈련을 받고 있느니라.

그러나 너는 달려갈 수 있는 자가 되어야 하느니라. 악의 세력과 맞설 수 있는 것은 오직 예수 그리스도의 능력뿐 이니라. 네가 내게 기도하는 자세와 방식에 대해서는 말하지 않겠다. 어떤 방식이건 기도를 하거라.

지금 네가 있는 그곳에서부터 담대하거라.

여기서부터 담대함을 갖도록 하거라."

주님은 저를 깨닫게 하셨습니다.

보혈의 피 능력의 기름 부음

머리부터 발끝까지 성령의 기름 부음, 신유의 은사, 손동작과 진동, 가슴 뜨거운 성령의 불!

"주여, 새 힘과 능력을 주시니 감사드립니다."

"사랑하는 내 딸 귀복아!"

"예, 주님."

"나는 너의 주님이시다. 앞으로 한 가지씩 새벽에 은사를 개발하게 될 것이다."

"예, 주님. 감사드립니다. 저를 지명하셔 불러주신 것 감사드립니다."

"너는 내가 네게 뭐라 해서 마음이 좀 언짢았느냐?"

"아닙니다. 주님, 하나님 아버지와 주님께서 기뻐하시는 모습을 뵈오니 저도 기쁩니다. 저의 어리석음을 용서해 주세요. 주님."

"그래, 나는 너를 다 용서했느니라. 마음을 평안케 하거라. 나는 너를 너무너무 사랑한단다. 알겠느냐?"

"예, 주님."

 63 찬양의 능력의 옷

* 할렐루야 하늘에서 여호와를 찬양하며 높은 데서 그를 찬양할지어다 그의 모든 천사여 찬양하며 모든 군대여 그를 찬양할지어다 해와 달아 그를 찬양하며 밝은 별들아 다 그를 찬양할지어다 하늘의 하늘도 그를 찬양하며 하늘 위에 있는 물들도 그를 찬양할지어다 그것들이 여호와의 이름을 찬양함은 그가 명령하시므로 지음을 받았음이로다
[시편 148:1-5]

천국은 어디에서나 항상 찬양대가 나타나서 자주 하나님 아버지께 찬양을 드립니다. 또한, 제가 본 동산에서는 항상 천국 찬양에 맞추어서 춤을 춥니다. 예복을 입은 사람들이 춤을 추고 사라집니다.

저는 주님과 찬양의 능력의 옷을 입고 춤을 추었습니다. 이 옷은 빛나는 보랏빛 옷인데 천은 너무나 부드러운데 마치 실크 같은 느낌이 듭니다. 춤을 출 때는 이 옷이 너무나 우아하게 움직입니다. 이 찬양의 옷을 입고 주님과 함께 춤을 출 때는 하나님 아버지께서 임재하셔서 크게 웃으십니다. 하나님 아버지께서는 "아름답도다! 아름답도다!" 하시면서 커다란 손이 나타나셔서 저를 만져주십니다. 저는 너무나 감격스러웠습니다.

"저와 같은 죄인을 살리시고 불쌍히 여겨 주시니 감사드립니다." 하고, 저의 눈에는 이미 눈물이 떨어지고 있었습니다. 그리고는 하나님 아버지의 임재는 그곳을 떠났습니다.

주님께서 말씀하셨습니다.
"귀복아!"
"예, 주님."
"너는 항상 오직 주님의 말씀에 귀를 기울이거라."

찬양은 곧 하나님 아버지의 보좌를 움직이는 놀라운 능력이 되는 것입니다. 저는 이 책을 기록하던 중, 어느 날 한 교회에 가서 주님께 주일예배를 드린 적이 있었습니다. 저는 그곳에 가서 찬양하는 어린 영혼들의 모습을 보면서 주님께 기도했습니다.

"주님을 기쁘시게 하는 저 어린 영혼들의 장래에 주님이 가장 기뻐하시는 곳에서 세워지는 리더가 되게 해주세요."

그때 그곳에서 하늘 문이 열리는 것을 보았습니다. 그러나 아쉬운 부분도 있었습니다. 조금만 더 함께해 줄 수 있는 일꾼이 필요함을 알았습니다. 주님은 그 교회를 사랑하시고 주님의 역사와 능력이 살아 움직이는 교회로 이끌어 가기를 원하고 계셨습니다. 저는 주님의 크신 은혜를 받고 기쁨으로 주님께 예배를 드렸습니다.

우리가 하나님 아버지께 드리는 찬양은 능력이고 역사이며 기적이 되는 것입니다. 찬양을 통해서 살아 움직이시는 주님을 모셔드려야 합니다. 성령의 역사가 일어나야 합니다. 그래서 우리는 찬양을 드릴 때에도 진심을 다해서 드려야 합니다. 찬양은 얼마나 중요한지 모릅니다. 천국은 온통 기쁨과 희열과 평강이 넘치므로 찬양이 항상 울려 퍼집니다.

제가 천국에서 찬양할 때 항상 느낀 것은, 오직 하나님 아버지께 찬양으로 경배를 드림으로써 우리의 영혼이 밝게 꽃을 피운다는 것입니다. 또 우리를 죄에서 구속하신 주님께서는 직접 찬양에 맞추어 춤을 추시면서 그렇게 기뻐하십니다.

* 할렐루야 그의 성소에서 하나님을 찬양하며 그의 권능의 궁창에서 그를 찬양할지어다 그의 능하신 행동을 찬양하며 그의 지극히 위대하심을 따라 찬양할지어다 나팔 소리로 찬양하며 비파와 수금으로 찬양할지어다 소고 치며 춤추어 찬양하며 현악과 퉁소로 찬양할지어다 큰 소리 나는 제금으로 찬양하며 높은 소리 나는 제금으로 찬양할지어다 호흡이 있는 자마다 여호와를 찬양할지어다 할렐루야 [시편 150:1-6]

또한, 천국은 방언으로 찬양을 합니다. 나의 몸이 찬양의 옷을 입으면 굉장히 부드럽고 아름답게 움직이면서 진정으로 온몸에서 찬양의 능력이 나타납니다. 한없이 찬양만 하려고 합니다. 너무 기쁘기 때문이지요.

우리가 이 땅에서 찬양하고 기도할 때 먼저 찬양의 제사를 드려야 합니다. 그리고 기도를 해야 합니다. 또한, 입술에서 나오는 찬양이 아니라, 내 영혼의 깊은 곳에서 맑고 깨끗한 찬양으로 기도를 시작해야 합니다.

능력의 찬양의 옷을 입으십시오. 이 찬양의 옷은 찬양으로 회개하는 자에게 입혀주시는 주님의 사랑이십니다. 그러한 주님의 사랑을 여러분은 오늘 경험하시지 않으시겠습니까? 오늘도 주님은 '찬양의 능력의 옷'을 입혀주시려고 전심으로 찬양하는 백성들을 찾고 계십니다. 지금 주님께 경배와 찬양을 올려드리십시오. 당신에게 놀라운 기적이 일어날 것입니다.

주님께서 말씀하셨습니다.
"보혈을 외칠 때 놀라운 역사가, 치료의 역사가 일어나고, 보혈을 외칠 때 모든 영혼이 자유케 되는 역사가, 억눌렸던 자가 해방되는 역사가 일어나고, 보혈을 외칠 때 병든 자가 치유되는 회복의 역사가 일어나고, 부드러운 방언이 나올 때는 이미 천국 찬양을 방언으로 하고 있느니라."

* 오직 성령의 열매는 사랑과 희락과 화평과 오래 참음과 자비와 양선과
충성과 온유와 절제니 이같은 것을 금지할 법이 없느니라
[갈라디아서 5:22-23]

　우리 삶 속에서 성령의 열매가 나타나게 되는 것입니다.

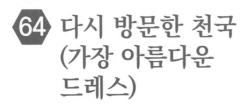 64 다시 방문한 천국 (가장 아름다운 드레스)

또다시 성령의 기름 부음이 시작되었습니다. 능력의 옷을 입혀주는 기름 준비가 시작되었습니다. 천사는 이미 저 하늘 높은 곳에서 저를 기다리고 있고, 저는 천사와 함께 날기 시작했습니다.

천국에 도착했을 때 그곳에는 여섯 개의 통이 준비되었는데 보혈, 기쁨, 희락, 위로, 영혼소생, 평강의 통에 몸을 담근 뒤 강물에서 수영을 했습니다. 그리고 천사의 도움으로 강가에서 제 머리와 몸에 맑은 생명수의 강물을 흠뻑 부은 후 예복을 입는 방으로 천사의 안내를 받으며 갔습니다. 방문을 열자 지금까지 입었던 수많은 드레스가 찬란한 빛과 함께 진열되어 있었습니다. 방의 벽은 진열장인데 투명한 유리 같았습니다.

천사는 다시 저를 데리고 한참을 지나서 멈추었습니다. 전등이 없는데도 그렇게 빛나고 환할 수가 없었습니다. 색상도 그렇게 아름다웠습니다. 천사는 저에게 새로운 드레스를 보여주었습니다. 그 드레스는 황금빛 드레스였고, 머리에 쓰는 것도 있었습니다. 처음 볼 때는 황금빛이었는데, 보석이 붙은 것이었습니다. 그러자 너무 눈부셨고 보석은 마치 커다란 다이아몬드 같았습니다. 옷과 머리의 장신구는 빛나고 있었습니다. 그 드레스를 입고 천사의 안내를 받아서 큰 성으로 들어갔습니다.

그 성은 하나님 아버지가 계신 보좌입니다. 저는 그곳의 문이 열리자 그곳에서 하나님 아버지께 경배를 올렸습니다.
"저를 불쌍히 여기시고 다시 살리신 하나님 아버지! 경배를 받으소서."
높고 높은 보좌에 계신 하나님 아버지께서 저의 입에서 나오는 소리를 듣고 계셨습니다.

하나님 아버지께서 말씀하셨습니다.
"내가 전에도 사랑했고 지금도 사랑하노라. 내가 너를 사랑하노라. 참으로 기쁘구나! 이렇게 기쁜 날이 또 어디 있으랴?" 하시면서 가슴으로 안아주셨습니다.

그다음 찬양에 맞추어서 저는 춤을 추기 시작했습니다. 성에서 나와 천사의 안내로 동산으로 갔습니다. 그곳에서 주님 앞에 경배를 드렸습니다.

65 모든 것에는 다 질서가 있다

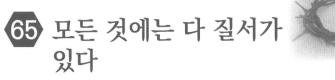

저는 주님과 함께 의자에 앉았는데 주님이 무릎을 꿇으라고 하시면서 "물권이 임할지어다, 능력이 임할지어다" 축복 기도를 하셨습니다.

"네가 어제 눈물로 기도할 때, 주님의 마음이 아프셨다. 지금이라도 내가 너의 문제를 다 해결해 주고 싶으나 모든 것에는 순서가 있고 때가 있느니라. 알겠느냐?"

"예, 주님."

"앞으로 내가 네게 크게 축복을 하게 될 것인데 인내하고 참고 견디거라."

"예, 주님."

저는 〈구름 저편에 계신 주님〉을 내면서 여러 가지 문제들이 저를 압박해왔습니다. 갑작스러운 체험을 통해서 모든 것들이 당황스럽고 너무나 어려운 일들이 많이 일어났습니다.

저는 항상 주님께 이렇게 고백했습니다.

"주님, 저는 힘도 없고 아무것도 잘 모릅니다. 주님이 하신 것이오니 주님께서 도와주세요." 라고 많이 울며 기도했습니다.

주님은 그 기도를 들으시면서 마음이 아프셨다고 말씀하셨습니다. 나의 믿음의 지경을 넓히기 위해서 오직 주님께 기도로 준비할 수 있도록 훈련하시는 주님의 그 깊으신 사랑과 은혜를 감사드립니다.

저는 이 글을 한 자 한 자 쓸 때마다 뜨거운 눈물이 흐릅니다. 얼마나 나를 사랑하시고 섭리하시고 위로하시는 주님의 그 크신 사랑과 그 인자하심에 저는 눈물을 멈출 수가 없습니다. 주님은 저의 죄, 우리의 죄와 모든 인류의 죄를 담당하시고 이 땅에 계실 때도 쉬지 않고 기도하시고, 복음을 전파하시고, 병든 자와 억눌린 자, 갖가지 모든 고통 받는 자들을 섬세하게 살피시는 주님은 오늘 이 시간에도 저와 여러분의 마음에 노크하고 계십니다.

66 영적인 잉태와 해산

　그곳 식탁에 천사가 가져오는 과일이 있
었는데 주님께서는 믿음의 나무에서 따 온 것이라며 제게 먹
으라고 하셨습니다. 저는 한 개를 먹어보았습니다. 먹은 후
갑자기 배가 불러오는 것이었습니다. 그러더니 아주 예쁜 아
이가 앉아 있는 것입니다. 그리고 그 아이는 믿음의 나무 위
에 앉는 것이었습니다.

　주님께서 말씀하셨습니다.
　"영적으로 잉태해서 해산하게 되면 천국에서 그 영혼을
저렇게 보살피고 있단다."

　그 나무 위에는 많은 과일이 열려 있었습니다. 나는 주님과
다시 앉았습니다. 주님께서 춤을 추자고 하셨고 우리는 춤을
추기 시작했습니다. 공중에서 돌리기도 하시고 빙빙 돌려놓
으시기도 하시며 계속 주님과 나는 춤을 추었습니다. 천국에
서는 오직 기쁨뿐입니다. 주님은 저를 안아주시고 천사와 함
께 공중으로 보내니 바로 올 수 있었습니다.
　"주님 감사드립니다. 아멘."

　저는 두 번째 책을 쓰면서, 저의 생각으로는 아무것도 할
수 없음을 깨달았습니다. 주님의 보살핌이 없이는, 성령님의

감동이 없이는, 너무나 무지하고 답답한 저의 머리로는 아무 생각도 나지 않습니다. 그래서 주님께서 관심을 가지시고 알려주시고 깨닫게 하신 것입니다.

주님께서 이 책은 '중요한 책' 이라고 말씀하십니다.

천국에서 보여준 여섯 개의 통은 모두 다 천국에서 흐르고 있던 강물을 말합니다. 반드시 성도는 이 강물에 깨끗이 씻긴 다음에 주님께 경배를 드려야 합니다. 작은 죄악이라도 있으면 안 됩니다. 그곳은 모든 것이 다 드러나기 때문에 죄를 가지고는 갈 수가 없는 곳입니다. 우리의 작은 죄라도 주님의 이름으로 기도할 때 성령께서 기억나게 하시고 깨닫게 하셔서 우리의 영혼을 치료하시고 우리의 육신도 치료하십니다.

천국에서의 여섯 개의 통과 이 땅에서의 역사

천국에는 생명수 강가에 여섯 개의 통이 있습니다.

저는 그곳에서 여섯 개의 통 속에 제 몸을 하나하나 담가 보았습니다.

첫 번째는 보혈의 통입니다. 이 통에는 붉은 물이 가득 담겨 있습니다. 보혈의 통에는 예수님께서 십자가 위에서 흘리신 보혈입니다. 이 땅에서 우리가 주님 앞에 나아가서 나의 죄를 고백하고 회개할 때 이 보혈의 통에 들어가는 것입니다.

* 그가 빛 가운데 계신 것 같이 우리도 빛 가운데 행하면 우리가 서로 사귐이 있고 그 아들 예수의 피가 우리를 모든 죄에서 깨끗하게 하실 것이요 만일 우리가 죄가 없다고 말하면 스스로 속이고 또 진리가 우리 속에 있지 아니할 것이요 만일 우리가 우리 죄를 자백하면 그는 미쁘시고 의로우사 우리 죄를 사하시며 우리를 모든 불의에서 깨끗하게 하실 것이요 [요한일서 1:7-9]

주님은 보혈의 피를 흘리셔서 우리의 죗값을 치르시고 우리를 하나님 아버지 앞으로 이끌어주신 것입니다.

* 그들이 새 노래를 불러 이르되 두루마리를 가지시고 그 인봉을 떼기에

합당하시도다 일찍이 죽임을 당하사 각 족속과 방언과 백성과 나라 가운데에서 사람들을 피로 사서 하나님께 드리시고 그들로 우리 하나님 앞에서 나라와 제사장들을 삼으셨으니 그들이 땅에서 왕 노릇 하리로다 하더라 [요한계시록 5:9-10]

두 번째는 기쁨의 통이 있습니다. 그곳에 들어가면 제 속에서부터 기쁨이 넘쳐 납니다. 이 기쁨의 통은 주님의 보혈의 피로 죄를 씻어 회개한 자가 넘쳐 나는 기쁨으로 말미암아 모든 어둠이 사라지고 기쁨만이 충만하게 되는 것입니다. 이로 말미암아 기뻐하고 기도하고 감사하게 되는 삶을 살게 되는 것입니다.

세 번째는 희락의 통이 있습니다. 이 통에 들어가게 되면 천국의 희열과 감동이 임합니다. 우리가 기도할 때 성령으로 말미암아 세상이 줄 수 없는 감격과 희열이 넘치게 되므로 감사의 눈물이 앞을 가립니다.

* 여호와께서 시온의 포로를 돌려 보내실 때에 우리는 꿈꾸는 것 같았도다 그 때에 우리 입에는 웃음이 가득하고 우리 혀에는 찬양이 찼었도다 그 때에 뭇 나라 가운데에서 말하기를 여호와께서 그들을 위하여 큰 일을 행하셨다 하였도다 여호와께서 우리를 위하여 큰 일을 행하셨으니 우리는 기쁘도다 여호와여 우리의 포로를 남방 시내들 같이 돌려 보내소서 눈물을 흘리며 씨를 뿌리는 자는 기쁨으로 거두리로다 울며 씨를 뿌리러 나가는 자는 반드시 기쁨으로 그 곡식 단을 가지고 돌아오리로다

죄의 포로 된 우리를 주님께서 죄를 속량해 주시고 우리의 눈물의 기도를 들으시고 우리는 꿈꾸는 것처럼 모든 것을 주님의 은혜로 얻게 되는 것입니다. 값없이 주시는 주님의 크신 은혜에 감사를 드립니다.

네 번째는 위로의 통입니다. 세상에서 아무런 위로도 받지 못한 심령에게 임하는 것입니다. 이 통에 들어가면 주님의 위로의 손길이 넘쳐 납니다. 이 통에 들어가면 뜨거운 눈물이 흐릅니다. 주님의 은혜가 너무 감사해서 넘쳐 나는 눈물입니다. 자기의 많은 죄를 탕감받고 돌아간 여인의 믿음이 나옵니다. 주님을 사랑하는 마음이 넘쳐 났기 때문에 주님께로부터 위로를 받은 것입니다.

다섯 번째는 영혼을 소생케 하는 통입니다.

이 통에 들어가면 새로운 힘과 능력을 공급받게 됩니다. 이 통은 영적인 성령의 충만함을 받게 되고, 주님께로부터 능력을 받게 되는 것입니다. 그로 말미암아 더욱더 확신에 찬 신앙생활을 하게 되는 것입니다.

* 여호와의 율법은 완전하여 영혼을 소성시키며 여호와의 증거는 확실하여 우둔한 자를 지혜롭게 하며 여호와의 교훈은 정직하여 마음을 기쁘게 하고 여호와의 계명은 순결하여 눈을 밝게 하시도다 여호와를 경외

하는 도는 정결하여 영원까지 이르고 여호와의 법도 진실하여 다 의로우니 금 곧 많은 순금보다 더 사모할 것이며 꿀과 송이꿀보다 더 달도다 [시편 19:7-10]

여섯 번째는 평강의 통이 있습니다. 이 통에 들어가자마자 그동안의 상처 입은 심령이 치료의 역사가 일어났습니다. 너무나 평안합니다. 특히 말로 상처 입고 핍박받은 심령을 치료받는 통입니다. 우리가 기도할 때 주님이 주시는 이 평강은 세상이 줄 수 없는 참 평강입니다.

* 이 말을 할 때에 예수께서 친히 그들 가운데 서서 이르시되 너희에게 평강이 있을지어다 하시니 [누가복음 24:36]

주님은 말씀하실 때 먼저 평안을 물으십니다. 그리고 그 평안 위에 주님의 사랑을 입혀주십니다. 주님께로부터 이 은혜가 임하신 분들은 반드시 성령의 열매를 맺게 되실 것입니다.

* 오직 성령의 열매는 사랑과 희락과 화평과 오래 참음과 자비와 양선과 충성과 온유와 절제니 이같은 것을 금지할 법이 없느니라 [갈라디아서 5:22]

 주님과의 멀어져 있는
영적 상태

* 우리가 아직 연약할 때에 기약대로 그리스도께서 경건하지 않은 자를
위하여 죽으셨도다 의인을 위하여 죽는 자가 쉽지 않고 선인을 위하여 용
감히 죽는 자가 혹 있거니와 우리가 아직 죄인 되었을 때에 그리스도께서
우리를 위하여 죽으심으로 하나님께서 우리에 대한 자기의 사랑을 확증
하셨느니라 그러면 이제 우리가 그의 피로 말미암아 의롭다 하심을 받았
으니 더욱 그로 말미암아 진노하심에서 구원을 받을 것이니 곧 우리가 원
수 되었을 때에 그의 아들의 죽으심으로 말미암아 하나님과 화목하게 되
었은즉 화목하게 된 자로서는 더욱 그의 살아나심으로 말미암아 구원을
받을 것이니라 그뿐 아니라 이제 우리로 화목하게 하신 우리 주 예수 그리
스도로 말미암아 하나님 안에서 또한 즐거워하느니라 [로마서 5:6-11]

   이루 말할 수 없이 답답한 상태입니다. 마치 에스겔 골짜
기의 뼈들이 생기가 없는 상태와도 같습니다. 우리가 숨 쉬
며 열심히 살아가고 있으나, 주님이 계시지 않은 심령은 점
점 메말라가고 결국은 영적인 기갈이 찾아오게 되는 것입니
다. 그래도 그것을 느끼지 못한 채 앞만 향해서 열심히 나아
가고 있는 것입니다.
   이러한 상태에서 영혼을 생각해야 할 마지막 종점이 오게
됩니다. 우리의 영혼을 담고 있는 육신에게 신호가 올 때가
있습니다. 그때 사람들은 누구나 자신이 하는 일들을 멈추

고, 그 소리에 귀를 기울이게 되는 것입니다. 그러나 너무 늦지는 않았을까요? 아닙니다. 하나님 아버지는 우리를 위로하십니다.

* 지극히 존귀하며 영원히 거하시며 거룩하다 이름하는 이가 이와 같이 말씀하시되 내가 높고 거룩한 곳에 있으며 또한 통회하고 마음이 겸손한 자와 함께 있나니 이는 겸손한 자의 영을 소생시키며 통회하는 자의 마음을 소생시키려 함이라 내가 영원히 다투지 아니하며 내가 끊임없이 노하지 아니할 것은 내가 지은 그의 영과 혼이 내 앞에서 피곤할까 함이라 그의 탐심의 죄악으로 말미암아 내가 노하여 그를 쳤으며 또 내 얼굴을 가리고 노하였으나 그가 아직도 패역하여 자기 마음의 길로 걸어가도다 내가 그의 길을 보았은즉 그를 고쳐 줄 것이라 그를 인도하며 그와 그를 슬퍼하는 자들에게 위로를 다시 얻게 하리라 입술의 열매를 창조하는 자 여호와가 말하노라 먼 데 있는 자에게든지 가까운 데 있는 자에게든지 평강이 있을지어다 평강이 있을지어다 내가 그를 고치리라 하셨느니라 그러나 악인은 평온함을 얻지 못하고 그 물이 진흙과 더러운 것을 늘 솟구쳐 내는 요동하는 바다와 같으니라 내 하나님의 말씀에 악인에게는 평강이 없다 하셨느니라 [이사야 57:15-21]

먼저 중요한 것은 마음을 비워야 합니다. 이 땅에서의 마지막 시간이 나에게 주어졌다는 생각으로 마음을 비워야 합니다. 그리고 그 모든 것을 다 내려놓아야 합니다. 그다음은 온전히 하나님 앞에 주님의 피를 의지해서, 겸손히 무릎을 꿇어야 합니다. 그리고 나의 크고 작은 죄를 회개하고 자기 자신을 돌아보아야 합니다. 그러면 우리 앞에 모든 것이 펼쳐집니다. 그때, 우리는 자신이 하나님 아버지를 뒤로하고 살아온 것을 깨닫게 되는 것입니다.

주님은 우리 곁에 계십니다. 예전에는 느끼지 못한 일들이 우리의 영혼 속에, 우리의 생각 속에, 우리의 심령 속에 새롭게 솟아나기 시작합니다. 그것은 곧 우리의 맘속에 천국이 임하는 것입니다. 이제 이런 사람은 모든 것이 달라집니다. 말과 행동 또한 심령 속에서 솟아나는 기쁨과 감사가 넘쳐 나므로, 입술의 열매를 맺게 되는 것입니다.

우리는 이 땅에 태어날 때부터 세상의 길과 영생의 길이 있습니다. 또한, 세상의 길이 가시와 엉겅퀴의 길이라면, 영생의 길은 축복의 통로의 길입니다. 이 길을 계속 따라가게 되면 그 끝에는 주님의 신부가 되는 축복의 종점이 되는 것입니다.

* 일어나라 빛을 발하라 이는 네 빛이 이르렀고 여호와의 영광이 네 위에 임하였음이니라 보라 어둠이 땅을 덮을 것이며 캄캄함이 만민을 가리려니와 오직 여호와께서 네 위에 임하실 것이며 그의 영광이 네 위에 나타나리니 나라들은 네 빛으로, 왕들은 비치는 네 광명으로 나아오리라 네 눈을 들어 사방을 보라 무리가 다 모여 네게로 오느니라 네 아들들은 먼 곳에서 오겠고 네 딸들은 안기어 올 것이라 그 때에 네가 보고 기쁜 빛을 내며 네 마음이 놀라고 또 화창하리니 이는 바다의 부가 네게로 돌아오며 이방 나라들의 재물이 네게로 옴이라 허다한 낙타, 미디안과 에바의 어린

낙타가 네 가운데에 가득할 것이며 스바 사람들은 다 금과 유향을 가지고 와서 여호와의 찬송을 전파할 것이며 게달의 양 무리는 다 네게로 모일 것이요 느바욧의 숫양은 네게 공급되고 내 제단에 올라 기꺼이 받음이 되리니 내가 내 영광의 집을 영화롭게 하리라 저 구름 같이, 비둘기들이 그 보금자리로 날아가는 것 같이 날아오는 자들이 누구냐 곧 섬들이 나를 앙망하고 다시스의 배들이 먼저 이르되 먼 곳에서 네 자손과 그들의 은금을 아울러 싣고 와서 네 하나님 여호와의 이름에 드리려 하며 이스라엘의 거룩한 이에게 드리려 하는 자들이라 이는 내가 너를 영화롭게 하였음이라 내가 노하여 너를 쳤으나 이제는 나의 은혜로 너를 불쌍히 여겼은즉 이방인들이 네 성벽을 쌓을 것이요 그들의 왕들이 너를 섬길 것이며 네 성문이 항상 열려 주야로 닫히지 아니하리니 이는 사람들이 네게로 이방 나라들의 재물을 가져오며 그들의 왕들을 포로로 이끌어 옴이라 너를 섬기지 아니하는 백성과 나라는 파멸하리니 그 백성들은 반드시 진멸되리라 레바논의 영광 곧 잣나무와 소나무와 황양목이 함께 네게 이르러 내 거룩한 곳을 아름답게 할 것이며 내가 나의 발 둘 곳을 영화롭게 할 것이라 [이사야 60:1-13]

69 아프리카의 어린 영혼들을 생각하시는 주님

* 하나님 아버지 앞에서 정결하고 더러움이 없는 경건은 곧 고아와 과부를 그 환난 중에 돌보고 또 자기를 지켜 세속에 물들지 아니하는 그것이니라 [야고보서 1:27]

"귀복아!"

"예, 주님."

"나는 너를 사랑한단다. 항상 너를 사랑하고 나의 일을 하는 너를 항상 지켜보고 있단다. 아프리카의 어린 영혼들을 보느냐? 그들은 너희가 발을 씻은 물을 먹고 마시고 있느니라. 그들을 위해서 먹을 것과 복음을 나누어주거라. 너희가 '평안하다. 안전하다.' 할 때 누리는 그 풍성함을 지금 나누지 않는다면, 너희의 곤고한 날이 올 때에 누가 너희를 돌아보겠느냐?

지금은 풍성한 은혜를 나눌 때임을 기억하라. 이 시기가 지나면 나누고 싶어도 나눌 수 없게 되느니라. 항상 사람은 때를 잘 알아야 하고 그 때에 맞는 일을 하는 자가 얼마나 복된 자인지 모른단다. 알겠느냐?"

"예, 주님."

70 주님의 안타까움

* 욕심이 잉태한즉 죄를 낳고 죄가 장성한즉 사망을 낳느니라 내 사랑하는 형제들아 속지 말라 온갖 좋은 은사와 온전한 선물이 다 위로부터 빛들의 아버지께로부터 내려오나니 그는 변함도 없으시고 회전하는 그림자도 없으시니라 [야고보서 1:15-17]

"귀복아!"

"예, 주님."

"나는 또한 세상을 돌아볼 때 너무나 안타까운 광경을 보게 된 것을 말을 하지 않을 수가 없구나.

무릇 나를 믿고 나를 따르던 귀한 자녀가 세상에서 비웃음을 당할 때, 나로 인한 핍박이 아니라 자신의 욕심 때문에 다가오는 수치스러운 일을 당할 때는 나는 그만 눈을 감는단다. 너무나 보기가 힘들구나. 내가 그에게 얼마나 많은 것으로 복을 주었건만, 그것을 더 누리려고 하다가 그만 내가 준 능력을 소멸하고 마는구나.

그로 인해 마귀의 공격을 받게 되는 것이란다. 그것은 내가 어떻게 해줄 수가 없는 것이란다. 그 사람이 그 모든 것에 대한 보응을 다 받기까지 마귀의 세력은 참소를 하느니라.

욕심은 이렇게 사람을 비참하게 하고 수치스럽게도 하고 갖가지 유혹으로 마귀는 시험의 올무를 가지고 사람들을 괴롭게 하느니라. 누구든지 마음을 비우지 않으면 욕심의 유혹

이 항상 따르게 되느니라. 알겠느냐?"

"예, 주님."

"귀복아!"

"예, 주님."

"너는 앞으로 많은 축복을 받을 것인데, 진실로 진실로 내가 네게 말하노니 주님이 세상에 계실 때처럼 너는 나와 같이 검소하게 살아가야 하느니라. 아무리 많은 것을 누리고 있어도 주님이 허락지 않으시면 아무것도 받을 수 없는 것처럼 모든 마음을 비우고 살거라.

이것이 지켜지지 않으면 그곳에서부터 욕심의 싹이 트느니라. 그로 말미암아 사람들이 다 넘어지게 되느니라. 너는 오직 앞만 향해 주님께서 성령으로 인도하시는 대로 따라가길 바란다."

"예, 주님."

71 나를 향한 주님의 사랑

"내가 사랑하고 사모하는 나의 주님!
나를 불쌍히 여겨 주시니 감사합니다. 나의 모든 것 되시는
주님, 영광을 받으소서."

주님께서 말씀하셨습니다.
"어찌 새벽에는 일어나지 않았느냐? 내가 깨우지 않으면
못 일어나는 것이냐? 그만큼 너의 무능력함을 보인 것이다.
내가 없이는 한 치 앞도 볼 수 없는 것을 깨달으라."
"예, 주님. 주님의 도움 없이는 아무것도 할 수 없어요.
주님 도와주세요. 나의 모든 것 되시는 주님."
"모든 것은 어떤 것이냐?"
"예, 주님. 주님은 나의 전부가 되십니다. 가장 위대하십
니다. 너무나 사랑하는 주님! 저는 주님이 계시니 행복합니
다. 할렐루야!"
"그래, 내가 그렇게 좋으냐?"
"예, 주님. 너무나 좋습니다."
"나도 너를 좋아한단다. 그 누구도 이제는 너에게 가까
이 올 수가 없단다. 그것은 나의 신부이고 나의 임재가 있기
때문이지. 그러니 너는 참으로 행복한 사람이 아닐 수가 없
구나!
나의 사랑하는 딸아!

이다음에 네가 나와 함께 누릴 영광은 이루 말할 수 없이 크단다. 그러니 이 땅에서의 고난과 어려움은 기쁨으로 받거라. 알겠느냐?"

"예, 주님."

"세월은 흘러가고 변화의 물결이 넘실대도 내가 너를 향한 사랑과 인자하심과 자비하심과 풍성한 은혜는 영원토록 변치 않을 것이다. 알겠느냐?"

"예, 주님."

72 천지의 기상은 분별할 줄 알면서

* 또 무리에게 이르시되 너희가 구름이 서쪽에서 이는 것을 보면 곧
말하기를 소나기가 오리라 하나니 과연 그러하고 남풍이 부는 것을 보면
말하기를 심히 더우리라 하나니 과연 그러하니라 외식하는 자여 너희가
천지의 기상은 분간할 줄 알면서 어찌 이 시대는 분간하지 못하느냐
[누가복음 12:54-56]

　"천지의 기상은 분별할 줄 알면서 이 시대는 분별하지 못
한 나의 백성에게, 내가 말한 것을 잘 기록해서 널리 널리 전
할 수 있어서 나는 참 기쁘구나!

　이 일을 또한 너를 통해서 행하는 것이 나는 참 기쁘고 자
랑스럽구나! 이것을 행한 자가 나의 십자가의 핏값으로 산
나의 백성임을 하나님 아버지께서 말씀하시고 참으로 기뻐
하시는 그 모습을 볼 때 나는 감격스러웠다. 과연 나의 십자
가를 통해서 이 놀라운 역사가 일어난 것을, 나는 참으로 하
나님 아버지의 놀라우신 사랑이 얼마나 컸는지 다시금 알았
노라."

　"사랑하는 딸 귀복아!"

　"예, 주님."

　"이렇게 많은 은혜 가운데 이러한 일들이 다 계획되어져
서 이 글을 쓸 수 있게 했으니 진실하고 정직하게 오직 주님

의 말씀하신 것을 똑바로 기록해서 쓰거라.”
　“예, 주님. 감사드립니다.”

73 나의 말을 듣는 모든 이들에게

주님께서 말씀하셨습니다.

"모든 이들이 이 책을 읽었으면 좋겠구나!

더러는 지나쳐 버리고, 더러는 무시하고, 더러는 깨닫고 나에게 나아와 기도하는 자는 읽을 것이고, 더러는 정신을 차리고 기차 시간이 다 되었다고 기차표를 점검하는 자처럼, 사명을 새롭게 하고 열심을 낼 것이다.

그러나 나는 이 책을 읽는 자들에게 말하고 싶구나!

나 예수는 다윗의 뿌리요 광명한 새벽별이니라. 너희는 깨달으라! 내가 진실로 진실로 너희에게 이르노니 다시 한 번 너희에게 회개할 기회를 주고 있느니라.

더러는 지나쳐 버린 자여! 내가 네게 이르노니 그 날에 애통하며 통곡해도 너는 누구를 원망할 수 없으리라.

더러는 무시하는 자여, 내가 올 때는 너를 내가 도무지 알지 못한다고 무시할 것이다.

더러는 깨닫고 나에게 나오는 자여, 너는 나와 함께 생명수 샘물로 너희 갈증을 채워 줄 것이다.

사명을 점검하는 자여, 너는 결코 나의 잊음이 되지 아니하며 생명의 면류관을 네 머리에 씌워줄 것이다.

나는 이렇게 너희를 위해 준비하고 기다리고 있느니라. 그런데 어찌 너희는 주님이 더디 오신다고 생각하느냐?"

74 한 영혼이라도

"한 영혼이라도 잃어버리는 것은 하나님 아버지의 뜻이 아니니라. 보라, 지금은 기차표를 점검해야 할 시간이다. 천국의 열차가 곧 너희에게 도착할 것인즉, 너희는 준비하고 서 있으라.

깨어라! 일어나라! 정신을 차리고 주님의 손을 잡고 앞으로 나아가라. 주님의 손을 잡고 앞으로 나아가자. 나의 귀한 백성들아. 할렐루야!

대장 되신 예수께서 앞장서시니 무엇이 두렵느냐? 무엇이 무섭느냐? 앞으로 앞으로, 저 천군 천사와 함께 전진하여라. 할렐루야!"

"사랑하는 내 딸 귀복아!"

"예, 주님."

"이제야 그것을 알았느냐? 내가 네게 빛을 비추어 주지 않으면 아무것도, 아무 생각도 나지 않았다가 내가 빛을 비추어 주면 이렇게 글을 쓸 수 있다는 것을 이제야 알겠느냐? 내가 네게 진실로 진실로 말하노니 너의 삶이 끝날 때까지 내가 네게 이 빛을 비추어서 나의 글을 쓰게 할 것이다. 너는 행복한 나의 신부이니라. 성령으로 이 땅에서 너의 시간을 마치는 그 날까지 너는 행복한 일을 행할 것이다. 참으로 너는 행복할 것이다.

그것은 주가 너와 함께 해서 주님의 생명의 빛을 비추어 주

기 때문이다. 그것은 하나님 아버지의 결정이시니라. 너에게
생명의 빛을 비추어서 살게 하라고 하셨고, 그 빛에 거할 수
있게 하신 것이다. 알겠느냐?"

"예, 주님."

75 주님이 주신 물권

* 하나님의 사람 엘리사의 사환 게하시가 스스로
이르되 내 주인이 이 아람 사람 나아만에게 면하여 주고 그가 가지고 온
것을 그의 손에서 받지 아니하였도다 여호와께서 살아 계심을 두고 맹세
하노니 내가 그를 쫓아가서 무엇이든지 그에게서 받으리라 하고 나아만
의 뒤를 쫓아가니 나아만이 자기 뒤에 달려옴을 보고 수레에서 내려 맞이
하여 이르되 평안이냐 하니 그가 이르되 평안하나이다 우리 주인께서 나
를 보내시며 말씀하시기를 지금 선지자의 제자 중에 두 청년이 에브라임
산지에서부터 내게로 왔으니 청하건대 당신은 그들에게 은 한 달란트와
옷 두 벌을 주라 하시더이다 나아만이 이르되 바라건대 두 달란트를 받
으라 하고 그를 강권하여 은 두 달란트를 두 전대에 넣어 매고 옷 두 벌을
아울러 두 사환에게 지우매 그들이 게하시 앞에서 지고 가니라 언덕에 이
르러서는 게하시가 그 물건을 두 사환의 손에서 받아 집에 감추고 그들을
보내 가게 한 후 들어가 그의 주인 앞에 서니 엘리사가 이르되 게하시야
네가 어디서 오느냐 하니 대답하되 당신의 종이 아무데도 가지 아니하였
나이다 하니라 엘리사가 이르되 한 사람이 수레에서 내려 너를 맞이할 때
에 내 마음이 함께 가지 아니하였느냐 지금이 어찌 은을 받으며 옷을 받
으며 감람원이나 포도원이나 양이나 소나 남종이나 여종을 받을 때이냐
그러므로 나아만의 나병이 네게 들어 네 자손에게 미쳐 영원토록 이르리
라 하니 게하시가 그 앞에서 물러나오매 나병이 발하여 눈같이 되었더라
[열왕기하 5:20-27]

주님께서 말씀하셨습니다.

"물권이 임하면 네 임의대로 하지 말고 게하시가 문둥병에 든 것처럼 인간의 생각을 하지 말며, 누구든지 은혜가 임할 때 도와주고 개발해주고 빛의 삶을 살 수 있도록 인색함이나 억지로 하지 말고, 마음을 비우고 주님의 영광을 위해서 사용할 수 있는 물권이 되어야 한다.

많은 사람이 고통 가운데 깨닫고 지금처럼 마음을 비웠더라면 좋았을 것을, 그렇게 인색하게 하더니 육신의 고통이 오는 것이다. 많은 사람이 그것으로 넘어지면서 무엇 때문에 그러는지 모르는구나."

"하나님 아버지께서 이것을 알게 하시니 감사드립니다."

76 두 번째 책에 나오는 표지가 될 것이다

* 예수께서 신 포도주를 받으신 후에 이르시되 다 이루었다 하시고 머리를 숙이니 영혼이 떠나가시니라 이 날은 준비일이라 유대인들은 그 안식일이 큰 날이므로 그 안식일에 시체들을 십자가에 두지 아니하려 하여 빌라도에게 그들의 다리를 꺾어 시체를 치워 달라 하니 군인들이 가서 예수와 함께 못 박힌 첫째 사람과 또 그 다른 사람의 다리를 꺾고 예수께 이르러서는 이미 죽으신 것을 보고 다리를 꺾지 아니하고 그 중 한 군인이 창으로 옆구리를 찌르니 곧 피와 물이 나오더라 [요한복음 19:30-34]

천국에는 보혈의 옷이 있습니다. 주님은 이 보혈의 옷을 입길 원하신다고 하셨습니다. 먼저 보혈의 옷은 피와 같은 붉은색입니다. 가장 먼저 떠오르는 것은 주님께서 쓰신 가시관입니다. 그다음 양손과 발에 박히신 못입니다.
〈구름 저편에 계신 주님〉에서 언급했던 적이 있습니다.

이 보혈의 옷을 입고 천국의 주님 계신 동산에서 천국 찬양에 맞추어서 춤을 추며 찬양할 때, 갑자기 하늘에서 함박눈이 내리기 시작했습니다. 나는 너무나 당황해서 울기 시작했습니다. 그때 또 앞에 있는 생명수 강물이 붉은 핏빛 강물이 되어서 물이 흐르고 있었습니다.

그때 주님께서 말씀하셨습니다.

이것은 '내가 흘린 사랑'이라고 말씀하시면서, 이것은 두 번째 책 〈주님이 흘리신 사랑〉의 책 표지가 될 것이라고 하셨습니다.

저는 이 보혈의 옷을 입은 자에게 나타나는 주님의 능력을 체험하게 되었습니다. 보혈의 능력의 옷을 입고서 항상 주님 앞에 설 때, 나의 죄를 고백하고 회개하게 됩니다. 저의 몸은 세상에 있지만, 저의 영혼은 천국에서 보혈의 옷을 입고 주님과 춤을 추기도 하고 대화하기도 합니다.

77 쾅 쾅 쾅 (죽음의 못 박는 소리)

주님은 우리를 위해서 그 큰 대못을 양손과 발에 박혔습니다. 그 소리는 우리를 살리는 소리입니다. 탕자와 같은 우리를 세상 연락을 즐기고 방황하며 죄에 빠져있는 우리 모두를 주님의 은혜로 입혀주기 위한 소리이기도 합니다. 죄악으로 죽어가는 인생을 심히 불쌍히 여기시고 높고 높은 보좌에 앉으신 분이 이 낮고 낮은 땅에 오셔서 아픔과 고통을 참으시면서 우리를 위해서 보혈의 피를 흘리셨습니다. 어리석은 우리 인생은 주님의 공로를 모른 체 방황하며 세상 속을 헤매고 다니다가 견딜 수 없는 죄의 무게에 눌려 쓰러지고 맙니다.

그러나 우리 주님은 이때에도 우리가 마음의 문을 열면 우리를 받아주십니다. 우리를 사랑하신 주님, 그분은 정말 위대하시고 사랑이 많으시고 우리와 함께 살기를 원하십니다. 지금 우리는 마음의 문을 열고 양손과 발에 못 박히시고 머리에 가시관을 쓰신 주님을 영접해야 합니다. 그 주님은 우리를 위해서 그 고통을 참으셨습니다. 저와 여러분을 사랑하시기에 끝까지 참으셔서 우리가 주님께로 나아갈 수 있도록 해주신 것입니다. 지금 마음의 문을 활짝 열고 나의 주님, 나의 생명 되신 예수 그리스도를 나의 구주로 지금 영접하십시오.

당신의 마음에 평강이 강같이 흘러넘칠 것입니다.

* 예수께서 대답하여 이르시되 이 물을 마시는 자마다 다시
목마르려니와 내가 주는 물을 마시는 자는 영원히 목마르지 아니하리니
내가 주는 물은 그 속에서 영생하도록 솟아나는 샘물이 되리라
[요한복음 4:13-14]

   우리 주님은 우리가 영원히 목마르지 아니한 생수를 우리
에게 주셨습니다.
   "아멘."

후 / 원 / 안 / 내

방주 세계선교회 후원계좌 :

농협 : 356-0405-0892-03 (지귀복)

국민은행 : 580301-04-490076
            (지귀복)

해외 송금을 위한 정보 :

① 국민은행 영문명 : KOOKMIN BANK

② 국민은행 본점주소 : 26, Gukjegeumyung-ro 8-gil, Yeongdeungpo-gu, SEOUL, KOREA

③ 국민은행 SWIFT CODE : CZNBKRSEXXX

④ 수취인 계좌번호 : 58030104490076

⑤ 수취인 성명 : JI GWI BOK

⑥ 수취인 전화 번호 : +82 10-8380-6285

모든 영광 하나님께!
모든 감사 하나님께!

주님이 흘리신 사랑

초판 인쇄   2020년 11월 17일
초판 발행   2020년 11월 20일
2판 발행   2023년 11월 20일
3판 발행   2024년 5월 7일
3판 2쇄   2024년 6월 25일

지은이 : 지귀복
발행인 : 지귀복
펴낸곳 : 방주세계선교회
출판등록 : 제 2022-000001호
주소 : 전남 곡성군 목사동면 강변로 56
연락처 : 061-363-6282

ISBN : 979-11-981297-9-6 (03230)

가격 : 10,000원